中华传统美德百字经

公·天下为公

于永玉 韦秀丽◎编

　　一段历史之所以流传千古，是由于它蕴涵着不朽的精神；一段佳话之所以人所共知，是因为它充满了人性的光辉。感悟中华传统美德，获得智慧的启迪和温暖心灵的感动；品味中华美德故事，点燃心灵之光，照亮人生之路。

天津人民出版社

图书在版编目（CIP）数据

公：天下为公 / 于永玉，韦秀丽编. —天津：天
津人民出版社，2012.1
（巅峰阅读文库. 中华传统美德百字经）
ISBN 978-7-201-07350-7

Ⅰ．①公… Ⅱ．①于…②韦… Ⅲ．①品德教育－中
国－通俗读物 Ⅳ．① D648-49

中国版本图书馆 CIP 数据核字 (2011) 第 268683 号

天津人民出版社出版
出版人：刘晓津
（天津市西康路 35 号 邮政编码：300051）
邮购部电话：（022）23332469
网址：http://www.tjrmcbs.com.cn
电子信箱：tjrmcbs@126.com
北京一鑫印务有限责任公司印刷 新华书店经销
2012 年 1 月第 1 版 2012 年 1 月第 1 次印刷
690×960 毫米 16 开本 10 印张 字数：100 千字
定价：19.80 元

中国是一个具有悠久历史和灿烂文化的文明古国，也是举世闻名的礼仪之邦。在历史的长河中，中华民族创造出了绚丽多彩的物质文化和精神文化，为人类的发展和进步做出了重要贡献。其中，中华民族的传统美德被大家代代传承。

那么，什么是传统美德？什么是中华民族的传统美德呢？通常来说，传统美德就是在自觉或习俗的道德规范中，一些被大多数人所接受并实际奉行的，而且在现代仍有着积极影响的那些美德。具体到中华民族传统美德，概括起来就是指中华民族优秀的民族品质、优良的民族精神、崇高的民族气节、高尚的民族情感以及良好的民族礼仪等，是中华民族在历史实践过程中积累而成的稳定的社会优秀道德因素，体现在人们生活的方方面面，涉及政治、经济、文化、意识等领域，并通过社会心理结构及其他物化媒介得以代代相传。

经过长期的历史沉淀，中华传统美德已融入到中华民族的思想意识和行为规范中，成为社会道德文化的遗传基因，成为整个中华民族文化的精神内涵，也是中华五千年文明史的精髓所在。继承和弘扬中华民族传统美德，可以振奋民族精神，增强民族自尊心、自信心、自豪感和凝聚力，使社会主义道德规范具有更丰富的内涵，让社会主义、集体主义、爱国主义思想等更加深入人心，成为社会主义文化的主旋律。同时，还可以更好地协调人际关系，促进社会主义市场经济的健康发展，形成有中国特色的、适应社会发展的价值观和伦理道德规范。

国民的思想道德状况，尤其是青少年的思想道德状况，直接关系着一个国家、一个民族的整体素质，关系着国家前途和民族命运。目前，我国已进入改革发展的新时期新阶段，德育教育的价值和意义更是日渐凸显。大力弘扬中华传统美德，建设社会主义核心价值体系，促进社会主义文化的发展和繁荣，是建设全面小康社会的主要任务，更是实现中华民族伟大复兴的必然要求。因此，党中央非常注重我国公民道德建设，全社会也已形成了加强和改进思想道德建设的新风尚。

青少年是国家的希望，是民族不断发展和延续的根本，因此，青少年德育教育就显得更加重要。为了增强和提升国民素质，尤其是青少年的道德素质，我们特意精心编写了本套丛书——《中华传统美德百字经》。

本套丛书立足当前公民，尤其是青少年思想道德教育的现实，将中华民族的传统美德归纳为一百个字，即学、问、孝、悌、师、教、言、行、中、庸、仁、义、敦、和、谨、慎、勤、俭、恤、济、贞、节、谦、让、宽、容、刚、毅、睦、贤、善、良、通、达、知、理、清、廉、朴、实、志、道、真、立、忠、诚、公、正、友、爱、同、礼、温、信、尊、敬、恭、恕、责、仪、精、专、博、富、明、智、勇、力、安、全、平、顺、敏、思、积、利、健、率、坚、情、养、群、严、慈、创、新、变、革、争、谏、诲、齐、省、克、竞、求、简、洁、强、律。丛书内容丰富、涵盖性强，力图将中华民族传统美德的内涵囊括进去。丛书通过故事、诗文和格言等形式，全面地展示了人类永不磨灭的美德：诚实、孝敬、负责、自律、敬业、勇敢……

这些故事在中华民族几千年的历史长河中，一直被人们用来警醒世人、提升自己，用做道德上对与错的标准；同时通过结合现代社会发展，又使其展现了中华民族在新时代的新精神、新风貌，从而较全面地展示了中华民族的美德。

在本套丛书中，为了帮助读者更好地理解这些源远流长的传统美德，我们还在每一篇故事后面给出了"故事感悟"，旨在令故事更加结合现代社会，结合我们自身的道德发展，以帮助读者获得更加全面的道德认知，并因此引发读者进一步的思考。同时，为丰富读者的知识面，我们还在故事后面设置了"史海撷英"、"文苑拾萃"等板块，让读者在深受美德教育、提升道德品质的同时，汲取更多的历史文化知识。

前 言

这是一套可以打动人心灵的丛书，也是可以丰富我们思想内涵的丛书……《中华传统美德百字经》向我们展示的是一种圣洁的、高尚的生活哲学。无论在任何社会、任何时代，给予人类基本力量的美德从来不曾变化。著名的美国政治家乔治·德里说："使美国强大的不是强权与实力，而是上帝赐予的美德。假如我们丢失了最根本且有用的美德，导弹和美元也不能使我们摆脱被毁灭的命运。"在今天，我们可能比任何时候都更应关心道德问题，尤其是青少年的道德问题，因为今天我们正逐渐面临从未有过的道德危机和挑战。

人生的美德与智慧就像散落的沙子，我们哪怕每天只收集一粒，终有一天能积沙成塔，收获一个光辉灿烂的明天。《中华传统美德百字经》中的美德故事将直指我们的内心，指向人性中善良的一面，唤起我们内心深处的道德感。因此，中华民

族的传统美德也一定会在我们的倡导和发扬之下，世世传承，代代延续！

　　全套丛书分类编排，内容详尽、文字优美、风格独具，是公民，尤其是青少年思想道德建设的优秀读物。愿这些恒久流传的美文和故事能抚平我们每个人驿动的心，愿这些优秀的美德种子能在青少年身上扎根、发芽、生长……

公·天下为公

天下为公，出自于《礼记·礼运》"大道之行也，天下为公"。

天下为公的本意是天下是公众的，天子之位，传贤而不传子。现在则成为一种美好社会的政治理想。坦言之，国人对"天下为公"这四个字的熟悉则源于孙中山的推崇。

天下为公是中华民族优良传统美德的重要规范。它既是个人修养之要，也是社会公德的最高准则。天下为公的标准是关心他人、扶危济困，"老吾老以及人之老"，"幼吾幼以及人之幼"；追求平等、公正，视公共利益高于一切。天下为公的最高境界在于当义利相矛盾、相冲突的时候，以"义"为重，"先义后利"乃至"公而忘私"、"大公无私"的自我牺牲。

早在《尚书》、《左传》等典籍中就有"以公灭私"，"公家之利，知无不为"，"临患不忘国"的规范性要求。孔子一贯主张"忠恕"。继孔子之后，墨家主张"举公义，辟私怨"，法家强调"无私"、"背私"，道家提出"圣人无心，以百姓心为心"，而儒家尤为重视公忠，提倡"乐以天下，忧以天下"、"致忠而公"，弘扬"天下为公"、"公而忘私"的思想。

在中华民族上下五千年的文明史中，优秀的传统美德遍及各个领域。相比之下，"天下为公"无疑是其中最绚丽者之一。近代民主革命家、中国国民党创始人、三民主义的倡导者孙中山，对"天下为公"这种传统美德的身体力行，不仅影响着与他同时代的中国人为建立共和国而奋斗，而且对后世中国产生了深远的影响。

在改革开放、构建和谐社会的新的历史条件下，每一个中国人仍然需要弘扬"天下为公"的精神。总而言之，"天下为公"是孕育民族魂的精髓，是建设两个文明的基础，是塑造民族形象的支柱，是创造大同世界的前提。

随着社会的发展，"天下为公"已不仅仅是一种传统美德，而且应当成为中华民族生生不息、大力弘扬的崇高信念和伟大精神。中国要和谐强大，那种以天下为己任，与国与民同呼吸共命运，国而忘家，公而忘私，义而忘利，一心为了祖国的强盛和人民的安康而不懈奋斗，无私奉献，心忧天下的"天下为公"的精神，正是我们不可须臾忘记，并且应时时践行的精神灵魂。

目录

1

中华传统美德百字经

公·天下为公

第一篇

鞠躬尽瘁，死而后已

大禹治水公而忘私

◎为百姓为国家谋利益的人才是真正的天下为公。——名人名言

大禹（生卒年不详），姒姓夏后氏，名文命，号禹，后世尊称大禹，夏后氏首领。相传大禹是帝颛顼的曾孙，黄帝轩辕氏第六代玄孙。他的父亲名鲧，母亲为有莘氏女修己。史料记载，禹治黄河水患有功，舜禅让继帝位。禹是夏朝的第一位天子，因此后人也称他为夏禹。大禹是我国传说中与尧、舜齐名的圣贤帝王，由于他在治水方面功绩卓著，因此历代被人们传颂。

相传尧在位的时候，黄河流域发生了很大的水灾，百姓的庄稼和房子全被洪水淹没了，老百姓只好往高处搬。不少地方还有毒蛇猛兽，伤害人和牲口，人们生活很不安宁。

于是，尧召开部落联盟会议，和大家一起商量治水的问题。他征求四方部落首领的意见，派谁去治理洪水呢？首领们都推荐了鲧。

尧对鲧不大信任，首领们说："现在没有比鲧更强的人才了，你就试一下吧！"尧这才勉强地同意了。

鲧花了9年时间治水，也没有将洪水制服，因为他只知道水来土掩，造堤筑坝，结果洪水冲塌了堤坝，水灾反而更厉害了。舜接替尧担任了部落联盟首领以后，亲自到治水的地方去考察。他发现鲧办事不力，就把鲧杀了，又让鲧的儿子禹去治水。

禹到任后，改变了父亲鲧的做法，而是改用开渠排水、疏通河道的办法，把洪水引到大海中去。他与老百姓一起劳动，带头挖土、挑土。

当时，黄河中游有一座大山，叫龙门山（在今山西河津县西北）。它堵塞了河水的去路，把河床挤得十分狭窄。奔腾东下的河水受到龙门山的阻挡，常常溢出河道，闹起水灾来。禹到了那里，观察好地形后，就带领人们开凿龙门山，把这座大山凿开了一个大口子，这样，河水就畅通无阻了。

后来，经过13年的努力，禹终于把洪水引到大海里去，不再闹水灾了，地面上又可以种庄稼了。

将洪水制服之后，禹终于可以回家与妻儿团圆了。因为禹在新婚不久便离家治水，为了治水他到处奔波，曾经三次经过自己的家门都没有进去。有一次，他的妻子涂山氏生下了儿子启，婴儿正在哇哇地啼哭，禹在门外经过，听见哭声，也强忍着没有进去探望妻儿，因此便有了"大禹治水，三过家门而不入"的传世佳话。

◎故事感悟

将百姓的事情视为自己的事情，义不容辞地将之做好，舍弃小家顾大家。古往今来，这种大公无私的精神气概举不胜举。透过他们付出辛劳的背后，我们可以看见他们所具备的高尚的天下为公的信念。

◎文苑拾萃

大禹故里风景区

大禹故里风景区位于四川省北川县禹里羌族乡境内，景区总面积约为30平方公里。这里山川形胜，人杰地灵，而且民风淳朴、资源丰富。在景区内，典型丰富的人文景观与优美奇特的自然景观融为一体，可谓雅趣天成。大禹故里风景区是由"禹穴沟"、"历史文化古镇"、"石纽山"三部分组成。1989年3月23日，大禹故里风景区被绵阳市人民政府批准为市级风景名胜区。

周公吐哺天下为公

◎为国为民谋福祉的人是值得尊重的。——格言

> 周公（生卒年不详），姓姬名旦，系周文王第四子，武王的弟弟。周公是我国古代著名的政治家，曾两次辅佐周武王东伐纣王，并制作礼乐，使天下大治。因他的采邑在周，爵为上公，因此被人称做周公。

远在周文王时期，周公旦就以孝顺、仁爱而著称。因辅佐武王伐纣有功，周公被封于鲁，但周公没有到封国去，而是留在王朝辅佐武王，为周安定社会，建立制度。武王死后，他又辅佐成王摄政。

周公十分注重招纳贤人，唯恐失去天下贤人：洗一次头，他曾多次握着尚未梳理的头发出来接待贤士；吃一顿饭，亦数次吐出口中食物，迫不及待地去接待贤士。这就是成语"握发吐哺"的典故。

周公还无微不至地关怀着年幼的成王。有一次，成王病得厉害，周公非常焦急，就剪掉自己的指甲沉到大河里，并对河神祈祷说："今成王还不懂事，有什么错都是我的。如果要死，就让我死吧。"事后，成王的病果然好了。周公摄政七年后，成王长大成人，于是周公归政给成王，自己做回了大臣。

后来，有人在成王面前进谗言，周公感到非常害怕，就逃到楚地躲了起来。不久，成王在翻阅库府中收藏的文书时，发现了自己生病时周公的祷辞，为周公忠心为国的品德感动得热泪盈眶，立即派人将周公迎接回来。周公回周以后，仍然忠心耿耿地为王朝操劳。

周公辅佐武王、成王，为周王朝的建立和巩固作出了重大的贡献，尤其

是他在受到成王冤屈之后，仍不计前嫌，忠心耿耿地为周王朝的发展呕心沥血，直至逝世，终使天下大治。周公临终时，要求将他葬在成周，以表明不离开成王的意思。成王心怀谦让，将他葬到了毕邑文王墓的旁边，以示对周公的无比尊重。

周公是后世为政者的典范。孔子的儒家学派把他的人格作为最高典范来宣传。

◎故事感悟

周公将自己的一生奉献给了社稷的安危和百姓的福祉，辅佐帝王，礼贤下士。可以说，周公完全将国家视为一个家庭，自己甘当一个默默无闻、勇于奉献的小角色，他的公心由此可见。时至今日，这种精神对社会教育仍具有深远意义。

◎史海撷英

"敬德保民"思想

"敬德保民"的思想，是古代周王朝统治的基本理论。其中，"德"是"天"的至善性，"敬德"则是指"敬天"，这也是周王朝统治的基本路线；而"保民"则是指周王朝政治路线的实践表征。"保民"也是"敬德"的必然结果和具体表现。"敬德"和"保民"是周王朝统治路线不可分割的两个方面。史料记载，"敬德保民"是周公制作礼乐的基本指导思想。这一思想的提出，也标志着夏商以来中国思想从敬鬼神到重人事的一大转变。

◎文苑拾萃

周公庙

周公庙位于今陕西省岐山县境内，原属周人发祥地周原的一部分。该庙距今已1380多年。庙区现存古建筑有30多座，占地约为7公顷；建筑群整体为对称布

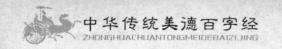
局建筑，殿宇雄伟，亭阁玲珑。庙内现存的碑与石刻众多，并有汉、唐、宋、元、明等朝代的古木多株。周公庙的殿宇建造雄伟壮观，各具特色。在各个殿宇中，周公殿居前，姜姬祠居中，后稷祠居后，当地的群众将这种布局总结为"姜姬背子抱孙"。据史料记载，周代在这里曾发生过许多重大事件，从而奠定了西周数百年的统治基础。1957年，周公庙被列入为陕西省重点文物保护单位。

霍光秉公辅帝政

◎对他人的公正就是对自己的施舍。——谚语

> 霍光（？—前68年），字子孟，汉族，河东平阳（今山西临汾市）人。霍光是汉昭帝的辅政大臣，西汉时期重要的政治人物，他跟随汉武帝近30年，是武帝时期的重要谋臣。在汉武帝死后，霍光受命为汉昭帝的辅政大臣，执掌汉室最高权力近20年，为汉室的安定和中兴建立了功勋，成为西汉历史发展中的重要政治人物。

汉昭帝手下有一位贤臣，叫霍光。在霍光辅佐朝政时，汉昭帝还是个刚刚继位的年幼无知的孩子，根本不懂得如何治理国家。霍光为了朝廷的稳定，为能使老百姓安居乐业，不厌其烦地向汉昭帝进谏，请求汉昭帝采取一些开明的政策，减轻老百姓的赋税和徭役，移民屯田，发展农业生产。遇到灾荒年，霍光就提议要国家借给老百姓粮食和种子，尽量减少灾害造成的死亡。由于他的正直和敢于进谏，汉昭帝时朝政清廉，国泰民安。

可是，霍光一心为公、不徇私情的作风也引起了当朝的几个贪鄙大臣的不满和嫉恨。他们把霍光视为眼中钉，伺机要拔掉霍光这颗钉子。霍光与左将军上官桀是亲家。上官桀的儿子上官安是霍光的女婿，这个人贪婪成性，一心想要当官。上官安有一个女儿，刚刚6岁，为达到升官发财的目的，他要这个6岁的女儿嫁给汉昭帝当皇后。他惧怕霍光的威严，便让父亲上官桀去找霍光疏通。霍光为孩子着想，对上官桀说："您的孙女刚刚6岁，送进宫里还小，这样做不合适。"上官安没有达到目的，心里很嫉恨霍光。

汉昭帝从小死了母亲，是他姐姐盖长公主把他带大，他把姐姐当成母亲

7

一样看待。上官安知道盖长公主的话汉昭帝绝对听从，便去找盖长公主的朋友丁外人。丁外人能言善辩，花言巧语说服了盖长公主。汉昭帝听从了姐姐的安排，立上官安6岁的女儿为皇后。上官安便一跃升为国丈，还做了车骑将军，好不威风。

为了感谢丁外人，上官安又去向霍光求情，让霍光封丁外人为诸侯。霍光看不起上官安的卑鄙势利，没有答应。上官安没有办法，又去找父亲上官桀。霍光对亲家说："无功不封侯，这是高祖立下的制度，谁也不能违抗。"上官桀见封侯不成，就又请求说："那就拜他为光禄大夫吧？"霍光严肃地说："丁外人无功无德，怎么能给他官爵呢？身为朝廷要臣，不能无视国法吧？以后请不要再提此事。"

上官桀讨了个没趣，怏怏地走了。从此上官父子俩更加嫉恨霍光了，于是他们便设计除掉霍光。他们先勾结汉昭帝的异母哥哥燕王刘旦，又纠集了一些反对霍光的宫中大臣和盖长公主、丁外人，准备里应外合，除掉霍光，废掉汉昭帝，立燕王刘旦为皇帝，然后再想办法杀了刘旦，上官桀自己做皇帝，这样一来上官安当然就是太子了。

正巧，不久前霍光曾把一个很有作为的校尉调到大将军府里，上官安这伙人便借机陷害霍光，向皇上禀报说："霍光以权谋私，私自调自己心腹进宫，这是阴谋结党，犯上作乱呀！"汉昭帝还算圣明，没有轻信他们的话，而是私下里进行了调查，发现霍光并无歹意，便明白了上官桀等人是要借刀杀人，于是戳穿了他们的阴谋，更加信任霍光了。

正在上官安等人筹划谋杀霍光时，朝中有人发现了他们的阴谋，很是气愤，就告诉了霍光。霍光想："我自己死了不要紧，可这样一来，朝中就要大乱，势利小人上台，百姓就要遭殃了。绝不能让他们得逞！"于是，霍光联络了宫中的可靠官员，进行了周密的安排，将计就计，除掉了这批乱党。为避免这种事情再发生，霍光劝谏皇上，要安抚民心，争取民心。同时精简宫中的冗员，减少不法人员的可乘之机，又多次派兵加强北方的边防防卫。老百姓们高兴地说："孝文皇帝和孝景皇帝的开明盛世又回来了。"

霍光任官20年，吏治清明，天下归心。他死后，人们都怀念这位一心为公、品德高尚的大将军。

◎故事感悟

　　廉洁的人总是刚正不阿的，因为他们没有私念，为国为民他们敢于豁出性命。虽然有时会受到小人的陷害，但历史终究会为他们作出公正的评价。

◎史海撷英

巫蛊之祸

　　巫蛊之祸为汉武帝末年封建统治集团内部发生的一次重大的政治事件。相传，巫蛊是一种巫术。当时的人们认为，只要让巫师祠祭或以桐木偶人埋于地下，诅咒自己怨恨的人，被诅咒的人就会有灾难降临。

　　公元前91年，丞相公孙贺之子公孙敬声被人告发，声称用巫蛊咒武帝，并且曾与阳石公主私通。公孙贺父子为此被下狱处死，诸邑公主与阳石公主、卫青之子长平侯卫伉都被株连。汉武帝还命宠臣江充为使者治巫蛊，江充向来与太子刘据有隙，便借此机会与按道侯韩说、宦官苏文等四人诬陷太子，逼得皇后卫子夫与太子刘据相继自杀。久而久之，巫蛊事也多不可信，田千秋等大臣上书为太子伸冤，武帝乃夷江充三族，烧死苏文；后来又派人修建了"思子宫"，在太子被害的地方作"归来望思之台"，以表哀思。

◎文苑拾萃

霍光墓

　　霍光墓位于今陕西省兴平市南位镇东陈阡村南部，毗连咸阳地界。墓的南面为兴平市西吴镇豆马村，即渭北高塬南边沿，高干渠的北边，相距不到100米。霍光墓为圆形，上小底大，高19.92米，东宽61米，西宽63.5米，南长66.8米，北长为61.5米，封土为79860立方米，占地面积3993.3平方米。霍光墓西距茂陵4公里多，靠近坡沿，与茂陵东西遥遥相对。

鞠躬尽瘁的诸葛亮

◎一公则万事通，一私则万事闭。——《袁子正论·论兵》

> 诸葛亮（181—234年），字孔明，号卧龙，琅琊阳都（今山东临沂）人。三国时蜀汉的政治家、军事家。东汉建安十二年（207年），被刘备三顾茅庐的赤诚感动，发表了著名的《隆中对》，正确分析当时形势，提出联吴抗曹的军事主张。此后诸葛亮出山，联吴抗曹，赢得赤壁之战的胜利。诸葛亮辅佐刘备和刘禅，为蜀汉建立及发展鞠躬尽瘁，立下了不朽功勋。

诸葛亮，字孔明，是汉朝司隶校尉诸葛丰的后代。诸葛亮的父亲诸葛圭汉末任泰山郡丞。诸葛亮幼年丧父，他就跟随叔叔诸葛玄。诸葛玄是袁术任命的豫章太守，在赴任途中，汉朝改派朱皓取代诸葛玄，诸葛玄就去投奔和自己素有交情的荆州牧刘表，于是诸葛亮也随着他来到这里。诸葛玄去世之后，诸葛亮洁身自好，就在隆中的田野中耕种。诸葛亮喜欢吟唱《梁父吟》，用以抒发自己以天下为己任的远大抱负，并常常以古代卓有成就的政治家管仲、乐毅自比。

当时，刘备驻扎在新野（今属河南南阳），他曾经向襄阳的司马徽征询名士，司马徽推荐了卧龙和凤雏，也就是诸葛亮和庞统。一次刘备问徐庶，徐庶也对刘备说："诸葛孔明可是一条卧龙啊！将军您愿意见他吗？"刘备迫不及待地说："您陪他一起来，好吗？"徐庶说："这个人只能别人去拜见他，而不能委屈他来拜见将军，您应当屈尊去拜见他。"于是刘备就亲自去隆中拜见诸葛亮。但是诸葛亮对刘备的为人和志向并不了解，因此有意回避。刘备去了两次都没能见到，第三次诸葛亮终于被刘备的赤诚感动，在茅庐中会见了他。

刘备屏退身边的人，对诸葛亮说："如今汉朝已面临崩溃，奸臣窃取了大权，皇帝蒙受了奇耻大辱。我没有估量自己的品德有多高、能力有多大，只想以大义取信于天下。然而我才智浅陋，又缺少办法，所以屡次失败，直到今天这个地步。但是我并没有放弃自己的志向，先生认为应该怎么办呢？"诸葛亮见刘备虚怀若谷，有力挽狂澜的大志，于是就分析了当时的形势，畅谈了自己治天下、图霸业的理想和战略。刘备听到这一席话后，禁不住拊掌称善，从此47岁的刘备和比他小20岁的诸葛亮情同手足，致使他桃园结义的兄弟关羽和张飞议论纷纷，很不高兴。刘备对他们解释说："我得到孔明，真可谓如鱼得水。希望各位不要再对这件事说些什么。"关羽和张飞才不再非议。建安十二年（207年）十月，在刘备的再三恳请下诸葛亮终于出山，成为他无比忠诚的左膀右臂。

建安十三年（208年）冬天，赤壁之战拉开序幕。不习水战又遭遇火攻的曹操部队在赤壁被打得溃不成军，只得率领残部仓皇逃回邺城。从此刘备扭转了败局，不仅军事力量得到加强，政治影响也不断扩大。赤壁之战的胜利开创了诸葛亮振兴汉朝统一天下的新局面。

同年十二月，刘备领兵巡视荆州，向皇帝上表，奏请刘琦为荆州刺史，自己又领兵南下，兵进武陵、长沙、桂阳、零陵，这四个郡都向刘备投降。刘备任命诸葛亮为军师中郎将，督理各郡的赋税，来补充兵器和粮饷。

建安十六年（211年），诸葛亮和关羽等人继续跟随刘备镇守荆州。益州牧刘璋派法正去迎接刘备，让他去攻打北方的张鲁。这时，法正和庞统却多次劝说刘备攻打昏庸软弱的刘璋，图谋益州，以成霸业。刘备听从了他们的意见，从葭萌关回师攻打刘璋。诸葛亮知道了这个消息，当机立断让关羽留守荆州，自己则配合刘备攻打益州。他和张飞、赵云等逆长江而上，平定了沿江各个郡县，和刘备一起合围成都，于建安十九年（214年）占领了成都。刘备将刘璋迁至公安（今属湖北），让他带走全部财产，并给他佩带振威将军印绶，以表示安抚。刘备自己领益州牧，任命诸葛亮为军师将军，署理左将

军府的事务。

刘备外出，则由诸葛亮镇守成都，以保证武器、粮食的充足供应。这一年大家都劝刘备称帝，刘备不同意。诸葛亮也劝刘备说："当年吴汉、耿纯等开始劝世祖（东汉光武帝刘秀）称帝时，世祖极力推辞，前后一共四次。于是耿纯进言道：'天下英雄纷纷议论，深表仰慕归附之心，对您寄予很大期望。如果您不听从大家的建议，士大夫们将各自去寻找可以使自己建功立业的主人，就没有理由再追随您了。'世祖感到耿纯的话说得非常深刻，于是就答应了。如今曹氏篡汉，天下无主。大王是刘氏的后代，是为了延续刘氏的正统才起兵的。现在就即位称帝，是最合时宜的。士大夫们长期不辞劳苦追随大王，也希望大王像耿纯所说的能够建立小小的功劳啊！"

刘备在诸葛亮的劝说之下，终于即帝位，并任命诸葛亮为丞相。诸葛亮以丞相录尚书事，假节（负责督军镇守、外交等）。张飞去世后，领司隶校尉（负责巡查京师及近郡）。从此，蜀国的行政、军事、外交、监察、安全等各项要务都担在诸葛亮一人身上。

蜀汉章武三年（223年）春，刘备在永安病重，把诸葛亮从成都召到身边，向他嘱托后事，说："您的才能比曹丕高十倍，一定能够安定国家，最终成就统一大业。如果太子可以在您的辅佐下成才，就辅佐他；如果他不成才，您完全可以取而代之。"诸葛亮流着眼泪说："臣一定竭尽全力，以忠贞不贰的节操效忠国家，至死不渝。"刘备又下诏书告诫17岁的太子刘禅："你和丞相共事，对待他要像对父亲一样。"不久刘备去世，刘禅即位，世称蜀后主，改号建兴。

蜀汉建兴元年（223年），封诸葛亮为武乡侯，设立丞相府办理政务。不久，又让诸葛亮领益州牧。无论大小政务，都由诸葛亮决断。这时南部各郡都发生叛乱，诸葛亮因为蜀国刚刚遭遇君主去世的大丧，没有立即出兵讨伐。为了形成平安稳定的周边环境，暂且派使者到东吴与它建立和好亲善的关系，接着又结成盟国。

建兴三年（225年）春，因不堪南方各郡叛乱的骚扰，诸葛亮率领部队南征，到秋天全部平定。在南征时诸葛亮策划了被人们称颂的"七擒孟获"，在战斗中展示了他以天下为己任的博大胸怀。当时诸葛亮曾经向参军马谡征求计策。马谡说："南中地区依仗地势险远，多年都不归附，而且反复无常，今天归顺，明日反叛。如果将他们全部剿灭，又不符合施行仁政的宗旨。我以为用兵的道理，攻心是上策，攻城是下策；心理战术是上策，短兵相接是下策。希望丞相能使他们心服。"诸葛亮非常同意他的意见。攻克了越（今四川越西），杀死了雍闿等叛乱首领，在南征中取得节节胜利。

有一个叫孟获的首领，在当地汉人和少数民族中有一定威望，诸葛亮下令一定要生擒他。孟获被俘，诸葛亮让他参观蜀军的营地，孟获趾高气扬地说："以前不知蜀军的虚实，所以失败了；如今看到蜀军不过如此，取胜就容易了。"诸葛亮故意把他放了，让他再来交战。就这样七擒七纵，最后孟获却不走了，说："丞相有天赐的神威，我们不再叛乱了。"

在平定了南方之后，诸葛亮于建兴五年（227年）率领各路军队驻扎在汉中，以便出师北伐进取中原。临出发时，诸葛亮向刘禅呈上了《出师表》，表现了他扶天下之倾颓、济蜀汉之危难的一片忠心，并提出北伐后人事安排的建议，以及对刘禅的谆谆告诫。呈上这篇真情四溢的《出师表》之后，诸葛亮率军出发，在沔阳驻扎下来。

建兴六年（228年）春天，诸葛亮要从斜谷攻取眉县，派赵云、邓芝作为疑兵，占据箕谷。魏国的大将军曹真率领军队抵挡赵云、邓芝。诸葛亮亲自率领各路大军进攻祁山，军阵整齐、赏罚严格、号令严明。在诸葛亮军威的影响下，南安、天水、安定三郡背叛了魏国起来响应诸葛亮，关中地区受到强烈震动。魏明帝曹睿也亲自到西部来镇守长安，命令张郃抵挡诸葛亮，蜀、魏战斗异常激烈。然而由于诸葛亮在这场激战中误用马谡，酿成了失街亭挥泪斩马谡的悲剧。

诸葛亮一向严于律己、勇于负责。挥泪斩马谡之后，他立即向刘禅上疏说："我没能按照明确的规章和军法来教导、约束部下，事到临头没有谨慎对待，导致街亭失守、箕谷失去防备。由于我任人不当，使用无方，罪责都在我。我缺乏知人之明，处事也时有糊涂。我请求连降三级，以惩罚自己的过错。"于是刘禅任命诸葛亮为右将军，代行丞相职务，所管辖的事务还和以前一样。诸葛亮引咎降职、自责自律的高尚品格，得到了蜀汉全国军民的景仰。

这一年冬天，诸葛亮出散关（今陕西宝鸡西南）北征，包围陈仓，魏国曹真抵挡蜀汉的军队，诸葛亮粮食用尽，只得退兵。魏国的将军王双率领骑兵追击诸葛亮，被打败，王双被斩首。建兴七年（229年），诸葛亮派陈式进攻武都、阴平。魏国的雍州刺史郭淮率领军队想袭击陈式，诸葛亮亲自出兵到建威，郭淮退兵，于是平定了武都、阴平二郡。刘禅下诏书给诸葛亮说："街亭的战斗，罪责应该由马谡承担，先生深深自责，将自己连降三级。当时我不想违背您的心意，就顺从了您的做法。先生功勋卓著于世，如今天下混乱不安，元凶还没有铲除，您担当着重大的责任，关系到国家的大事。然而您长期自我贬损，这不是弘扬统一大业的做法。今天恢复您丞相的职务，希望千万不要推辞。"于是诸葛亮又担当起蜀国丞相的大任。

建兴九年（231年）诸葛亮又出祁山（今甘肃西和县西北），为了减轻战士在崎岖山路上运粮的负担，发明了"木牛"来运粮。最终粮食用尽，只得退兵。和魏将张郃交战，蜀军将张郃射死。建兴十二年（234年）春天，诸葛亮率领全部大军由斜谷出发，用木头制成"流马"运输军用物资。占据了武功五丈原（今陕西眉县境内），与司马懿在渭南对峙。诸葛亮常常担忧远离蜀国腹地北伐，粮食供应不能继续，使自己统一中国的伟大志向不能实现，因此分兵屯田，作为长期在外地驻扎的根基。耕田的战士夹杂在渭水之滨的居民当中，居民安居乐业，军队也不谋取私利。这样诸葛亮又和魏军相持一百多天。

这一年八月，诸葛亮病重，刘禅派尚书仆射李福前往军中探视，乘机向他咨询国家大事。李福说完问候的话，见诸葛亮身体那样虚弱，有些话想说却不便开口，就向诸葛亮告辞。过了几天，李福又回到诸葛亮那里。诸葛亮非常平静地说："我就知道您一定会回来的。您要问的人，我以为蒋琬合适。"意思是说，自己逝世之后，可以由蒋琬做丞相。李福被诸葛亮以国事为重、从不考虑个人生死的坦荡胸怀感动得几乎落泪，于是向诸葛亮道歉说："前几天确实忘记向您请教，您百年之后，谁可以担当大事，所以我又回来了。"接着李福又问蒋琬之后应当是谁，诸葛亮回答费祎可以。李福再问费祎之后的人选，诸葛亮微闭着眼睛，没有回答。也许当时他连说话的力气都没有了……

不久诸葛亮在军旅中逝世，当时年仅54岁。诸葛亮遗嘱让把自己安葬在汉中定军山，可以凭借山势造坟，坟不必大，只要能够容下棺材就可以了，只用平时穿的衣服来装殓，不要任何殉葬的器物。到诸葛亮去世的时候，他家无余财，两袖清风。

朝廷追赠诸葛亮为武乡侯，谥忠武侯。景耀六年（263年）春天，刘禅下诏为诸葛亮在沔阳建庙。后来诸葛亮的儿子诸葛瞻继承了他的封爵。

◎故事感悟

诸葛亮将毕生的精力致力于辅佐刘备打江山，兢兢业业，一丝不苟。他不仅贡献了自己全部的聪明才智，而且献身于军旅途中。他用行动践行了鞠躬尽瘁死而后已的真谛。

◎文苑拾萃

梁父（甫）吟

佚　名

步出齐东门，遥望荡阴里。

里中有三坟，累累正相似。

问是谁家墓，田疆古冶子。

力能排南山，文能绝地纪。

一朝被谗言，二桃杀三士。

谁能为此谋，国相齐晏子。

冼夫人一心为公

◎人人相亲，人人平等，天下为公，是谓大同。——康有为

冼夫人（522—590年），原名冼英，广东高州人。公元550年，在参与平定侯景叛乱中结识了后来的陈朝先主陈霸先，并认定他是平定乱世的人。511年，冼太夫人协助陈霸先擒杀李迁仕。梁朝论平叛功，册封冼太夫人为"保护侯夫人"。557年，陈霸先称帝，陈朝立。陈永定二年（558年），冯宝卒，岭南大乱，冼夫人平定乱局，被册封为石龙郡太夫人。隋朝建立后，岭南数郡共举冼太夫人为主，尊为"圣母"。后冼夫人率领岭南民众归附，隋朝加封她为谯国夫人，冼夫人逝世后追谥"诚敬夫人"。

　　冼夫人是我国南方少数民族——越族人，她生活在公元6世纪的中国南北朝时期。冼夫人深明大义，维护祖国统一，是我国古代一位声名卓著的女英雄。

　　冼夫人一生经历了南朝的梁、陈和隋朝三代。当时，生活在高凉的越族有十几万户，冼夫人生长在一个姓冼的大族中。她自幼知书达礼，喜欢习武射箭。她家几代都是南越首领，因此她从小就深知要维护民族团结。

　　有一次，越族和黎族为一点小事动起武来，她不顾个人安危，挺身而出，进行调解，终于平息了两族的武装冲突。这位少女的巾帼美名也因此而传遍了岭南地区。

　　梁朝的罗州（今广东化州附近）刺史冯融是汉族人，他儿子冯宝任高凉太守。冯家十分仰慕冼夫人的聪明贤慧，托人说媒。冼夫人认为这是越汉两族结好的象征，就同意与冯宝结婚。高凉一些少数民族有时不大听汉族地方长

官的政令，冼夫人多次奔波于各族之间斡旋，使当地民族纠纷明显减少，高凉地区出现了安定团结、政通人和的太平局面。

后来，中原地区内战不断，岭南政局受到影响。梁朝末年，长江下游陷入了侯景叛乱的战火之中，高州（今广东阳江一带）刺史李迁仕，想借混乱之机割据称雄，独霸一方，举兵谋反。为了拉拢冯宝和冼夫人一起叛乱，李迁仕请冯宝去议事。冼夫人明知其中有诈，又不能不去，她命令士兵把兵器暗藏于礼品担子中，假装前去会见。李迁仕听说冯冼二人手无寸铁带队前来送礼，高兴极了，一点戒备也没有。兵临城下，突然冯宝和冼夫人的人从担子里抽出武器，杀进城来，一举击破了李仕迁的叛乱阴谋。在关键时刻，冼夫人为反对分裂，维护梁朝的统一作出了重要贡献。在陈替梁、隋灭陈的朝代变迁中，冼夫人多次挺身而出，稳定了岭南的动荡局面，从此威信越来越高。

冯宝去世后，岭南又出现了不稳定的情况。陈朝太建元年，广州刺史欧阳纥起兵反对陈朝中央政府。为了逼迫冼夫人支持动乱，欧阳纥把冼夫人的儿子冯仆扣在广州为人质。冼夫人拒绝起兵反陈，她说："我一向忠贞保国，到目前已经两代了，不能因救儿子的性命而破坏了国家的统一！"她一面派兵保卫高凉边境，一面发兵协助陈朝大军平息叛乱，终于从监牢中救出了爱子冯仆。在维护国家统一事业中，冼夫人不徇私情、一心为国，表现了高尚的品格。陈朝为此封她为中郎将，她也成为南朝时代少数民族中第一位女将军。

隋朝开皇十年（590年），冼夫人迎隋军进入岭南。不久，番禺人王仲宣起兵抗隋，岭南面临战乱。为维护隋朝统一，年事已高的冼夫人命孙子冯暄派兵援救隋军。不料，冯暄与王仲宣的一个部将是好朋友，出于私情，冯暄迟迟不出兵。冼夫人得知原由，勃然大怒，派人找回冯暄押进大牢，另派孙子冯盎去助隋军打王仲宣。冼夫人不顾年迈，亲自披挂上阵，帮助隋军治理岭南。岭南局势再次稳定下来。事后，隋文帝册封冼夫人为谯国夫人。隋文帝的皇后还赠送她许多首饰与服装。

冼夫人的儿孙们在她的教育下也都能尽忠报国，维护统一。隋炀帝时，农民起义，贵族割据，国家政局动荡。当时，冼夫人的孙子冯盎凭借她的威

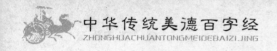
望，控制了五岭二十多州，占据着广州、梧州、海南岛一带，势力范围很大。有人劝冯盎也割据成霸，自立为南越王，冯盎牢记祖母教导，毅然拒绝了这种分裂国家的不义之举，最终归附了新兴的唐朝。

宋代大诗人苏东坡曾写诗赞颂冼夫人：

冯冼古烈妇，翁媪国于兹。

策勋梁武后，开府隋文时。

诗中冯冼就是冼夫人。古时夫姓在前，因她嫁给冯家，因此嫁人后她的姓为冯冼。冼夫人一生顺应了民族团结、祖国统一的历史潮流，保持岭南地区局面的稳定，客观上减轻了老百姓的苦难，功绩是非常突出的。

◎故事感悟

冼夫人一生致力于民族团结和国家安定，她以身作则，为后人作出了典范，世代为我国各族人民所敬仰，历史不会忘记这位女英雄。她不仅是越族的骄傲，更是整个中华民族的骄傲！

◎文苑拾萃

高州冼太庙

高州冼太庙位于今广东省高州市。该庙始建于明嘉靖十四年（1535年）。嘉靖四十三年与清同治年间曾先后重修，是高州地区规模最大的冼太庙。

冼太庙分前殿、中殿和正殿三部分，太殿的整体为砖木结构，红墙绿瓦，斗拱飞檐，装饰相当华丽。该建筑运用了中国传统的彩绘、堆塑、雕刻等艺术形式，表现出了浓郁的民族风情和地方风貌。20世纪80年代后，庙内雕造于清同治年间的玉香炉由居民私藏后完璧归庙。

孜孜奉国的房玄龄

◎为社稷安危尽职尽责是最大的天下为公。——名人名言

房玄龄（579—648年），别名房乔，字玄龄，汉族，唐代齐州临淄（今淄博市临淄区南马坊村）人，我国唐朝时期的开国宰相。房玄龄初任秦王府记室；武德九年（626年），参与策划玄武门之变，助李世民取得帝位，擢为中书令；贞观三年（629年），进尚书左仆射。房玄龄病危卧床之际，仍代表谏止远征。当时，房、杜同时都是宰相，共掌朝政，为实现"贞观之治"作出了贡献。

武德九年（626年）六月初四，房玄龄等一大批谋臣武将协助秦王李世民在长安宫城北门玄武门设下伏兵，乘太子李建成和齐王李元吉入朝无备，发动了政变，杀死了李建成和李元吉，取得了皇位继承权。

两个月后，高祖李渊被迫退位，李世民即位，史称唐太宗，成为唐朝的第二代皇帝。627年正月，改年号为贞观。房玄龄跟随唐太宗开始了他为相治国的政治生涯。

房玄龄年轻时就颇有政治抱负。当时的吏部侍郎高孝基素有知人识才的名声，认识房玄龄之后曾对人赞叹说："我见到的人也很多了，可还没有见过这样出色的年轻人。这个年轻人以后必成大器，只可惜我不能见到他成大才了。"

贞观初期，统一战争刚结束不久，社会矛盾还未完全缓和，民心不稳，自然灾害时有发生，社会经济凋敝不堪。面对隋朝灭亡的历史教训和贞观初年的百废待举、百乱待治的局面，唐太宗与朝臣房玄龄等人反复探讨，经过

深思熟虑，决定以大治天下作为施政方针。治国方针确定之后，唐太宗又将任贤和纳谏作为保证治国的两条主要措施，重用房玄龄等一批贤才。

唐太宗锐意改革，首先从裁减大量冗员入手。他告诉房玄龄："官在得人，不在员多。"又道："若得其善者，虽少亦足矣；其不善者，纵多亦奚为。"房玄龄对在职官员进行大量裁减，当时中央职官2000余人，经裁减后，仅留用643人。

贞观三年（629年）二月，房玄龄改任左仆射，担当起国家政治建设的重任，日益显露出实干家的本色。在精简冗官的同时，房玄龄又因才授任、选贤任能。在他的努力下，一批出色的高级官员被陆续举荐给朝廷。

早在秦王府时，房玄龄就注重发现人才，搜罗人才。秦王李世民每次打了胜仗，攻克城池之后，其他将领都争相搜罗珠宝财物，唯有房玄龄忙着调查征选人才，将之罗至幕府。听说哪位将佐有谋略有才干，房玄龄则想方设法与之结交，让他可以为李世民不惜生命。李世民也极为器重信任房玄龄。李渊称帝后，李世民常派房玄龄入朝奏事，高祖为之感叹说："玄龄代吾儿陈奏事宜，虽然吾父子二人远隔千里，却好像在与吾儿面谈一样。"

事实上，早在李世民为秦王时，房玄龄就发现杜如晦聪明识达，有佐王之才，便向秦王李世民极力推荐："必欲经营四方，非此人不可。"李世民亦感叹道："玄龄如不荐举，吾几乎失去此人啊！"李世民后来重用杜如晦，也证实了房玄龄选贤任能的才干——杜如晦辅佐太宗功勋卓著，深受太宗赏识。

房玄龄选用人才，重才更重德。他推荐的李大亮，不但文武全才，而且品德优异。此外，房玄龄选才不"以备取人"。张亮"素寒贱，以农为业"，但胆气不足，无将帅之才。房玄龄了解他的长处，只用他的长处。对唐太宗任用的人，房玄龄认为不合适的，也绝不苟同。

贞观二十一年（647年），太宗欲拜李纬为吏部尚书，事前征求房玄龄的意见。房玄龄只说了一句："此人长得一束好胡须啊！"别无他语。太宗明白了房玄龄的意思，便改变主意，任李纬为洛州刺史。

贞观时期人才济济，吏治清明，与房玄龄大力去冗员、任贤才的得力举措是分不开的，对唐朝政治经济的巩固和发展具有重要的意义。

　　房玄龄本人为官清廉，竭心奉公，"每当宿值，必通宵假寐"。任相时，"虔恭夙夜，尽心竭节，不欲一物失所"。行事之余，房玄龄时常想起自己的父亲来。其父房彦谦，隋朝时做过司录刺史，一辈子善良清廉，俸禄虽然不多，却不时接济亲朋好友。父亲常常教育他："人皆以禄富，我独以官贫，所遗子孙在于清白耳。""清白"二字就这样深深地镌刻在房玄龄的心田，时时刻刻提醒着他：为官做人，就要像父亲一样，廉洁一生，清白一世。为保持清廉家风，防止诸子骄奢，房玄龄又集古今防骄戒奢的家训，将"家诫"书写在屏风上，令孩子们各取一架，摆放于自家厅堂内，以便时时阅览省惕。

　　房玄龄治理国家，秉公守正，加上他的作风忠谨谦恭，对人宽厚，对己严谨，遍受属下爱戴。晚年，他体弱多病，几次上表请求解除仆射职务，太宗始终不答应。

　　贞观十六年（642年），太宗晋升房玄龄为司空。房玄龄又上表辞让，太宗仍不允许，说："国家久相任使，一朝忽无良相，如失两手，公若筋力不衰，无须此让。"看来，太宗真是离不开他。

　　贞观十九年（645年）二月，太宗亲率大军征讨东辽。临行前，命房玄龄留守京师，全权处理一切政务，遇事不必再上奏请示。太宗离京后，房玄龄办事更为谨慎辛劳。

　　忽一日，有一人来到留守衙门前，四处张望，踌躇不前。房玄龄得知后，将此人召进。来人胆壮起来，声称："我是来告发的！"房玄龄问："告谁？"来人回应："就告您本人！"房玄龄心中一惊，面色仍然不变，道："既然是告我的，那我就不便亲自审理了。"房玄龄立即命令驿传将此人送至太宗行宫。太宗得知京城留守处有上表送来密告，令侍卫手持长刀立于帐前，而后召见告密者，问他告谁。闻听"房玄龄"三个字，太宗冷然一笑："果然不出我所料。"即刻喝令将告密者推下去腰斩，又亲传玺书责备房玄龄不够自信，叮嘱"如再有类似事情，可以独自处理"，以示对房玄龄的信任与器重。

　　辅佐太宗，房玄龄尽言切谏，可以说是尽职尽心——谏勿征高丽，谏勿用平庸之辈，谏减少民族冲突等等。且日后都证明房玄龄诤谏之正确，其进谏充分反映了他善于思谋、考虑效果的特点，更证明了他为国为民尽职尽责

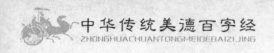
的一身正气。

贞观二十二年（648年），为国殚精竭虑的房玄龄身染重病，太宗特召他到玉华宫。房玄龄此时已十分衰弱，是乘坐轿子进入殿内的，一直来到太宗御座旁边才下轿。太宗执手相扶，两人相对流泪。太宗将房玄龄留在宫内，随时探听他的病情。听说病情好转则喜形于色，病情加重则忧心忡忡。

病危之际，房玄龄放不下的还是国事。此时的太宗，在贞观盛世的成功面前沾沾自喜，帝王的贪欲和专制本能愈加体现出来，与大臣原有的关系也发生了变化，开始疑忌大臣。特别是在贞观后期，太宗的疑忌心理越发严重，对大臣动辄问罪，轻则贬黜，重则杀戮。连房玄龄这样的佐命大臣也未能幸免，曾因些小事被发落回家。而房玄龄仍是鞠躬尽瘁，知无不为。

公元648年七月癸卯，房玄龄病逝，终年70岁。太宗废朝三日以示哀悼。

◎故事感悟

房玄龄辅佐太宗平定天下，直到死于宰相位上。房玄龄一生兢兢业业，然而却没有多少具体事迹可寻。房玄龄不居功，将功劳归于君主。房玄龄被称为有唐一代宗臣，的确是十分相称啊！

◎史海撷英

中书令

中书令是一种官名。在汉武帝时期，都是由宦官来担任中书，称为中书令，置令与仆射为其长，掌传宣诏命等。在西汉时期，中书令、尚书令是并置的，与谒庭令、内者令等宦官一样，都是由士人来担当。

中书令的工作主要是负责直接向皇帝上奏密奏"封事"，因而责任也很重要。在西汉时期，这一职位通常都是由皇帝最信任的人来担任的。汉代的司马迁就曾经兼任过此职，司马迁也是中国历史上第一位中书令。当时，司马迁以太史公的身份担任中书令，朝位位于丞相之上。

李大亮"竭节至公"

◎为国为民谋福祉的人是可爱的人。——名言

> 李大亮（公元586—644年），唐初将领，唐朝开国功臣，陕西泾阳人。隋朝末年，李大亮在大将军庞玉部下为行军兵曹。大业十三年（617年），李大亮与瓦岗军作战被俘，随之获释。李渊兵进长安，建立唐朝，大亮投归，被授予土门令。李大亮曾先后任金州（今陕西安康）总管府司马、安州刺史、越州（今浙江绍兴）都督、交州（今越南河内）都督、太府卿、西北道安抚大使、工部尚书等职位。

　　李大亮是唐初贞观年间的名臣，他少年时便显示出"文武才干"。在李渊起兵反隋入关后，李大亮便自东都洛阳投奔唐政权，被授土门（今山西省井陉口县）令。

　　当时百姓饥荒，贼盗寇侵，地方官多各自为政，"长吏横恣，赃污狼藉"。李大亮却卖掉所乘之马，分给贫弱，劝其垦田，当年便获得丰收。同时，"躬捕寇盗，所击辄平"，使本县百姓不受侵扰。此时，李世民作为秦王，巡抚北方，听到李大亮在土门县的政绩，很是赞叹，并下书表彰，奖励马匹、布帛。不久，北境流寇骚扰其县。李大亮"众少不敌"，便只身单骑到敌营，见其首领，晓之以理，动之以情，"群胡感悟，相率请降"。李大亮又杀所乘之马，与之宴乐，然后徒步回到县衙。"前后降者千余人，县境以清"。唐高祖李渊听说后，非常高兴，破格予以重任。在武德年间（618—626年）的统一战争中，李大亮或率兵攻城，或计擒敌将，屡次建功，高祖以功赐给奴婢百人。

　　太宗贞观元年（627年），李大亮转任交州都督，封武阳县男。不久，又

召拜太府卿，出任凉州（今甘肃武威）都督。在凉州任上，恰逢御史台遣使考核地方军政长官治绩，见凉州有名鹰，暗示李大亮献出。李大亮不预理睬，反而"密表"太宗，太宗见到"密表"，感觉李大亮很是忠心，便赐给他自己所用的胡瓶一个。随后，太宗觉得这样还不足以激励臣下，又赐李大亮《汉纪》一部。

李大亮既未居功自傲，也不因嘉奖而懈怠，"终结若一"。

贞观八年（634年），吐谷浑入侵凉州。太宗命李大亮为行军总管，与大总管李靖等出北路。李大亮率部自凉州向西南，至青海湖，历河源（在今青海曲麻莱境内），"虏其名王二十人，杂畜数万"。因破敌之功，由武阳县男进爵为武阳公，赐物千段、奴婢150人，全部送给亲属。

数年后，李大亮调回京城，拜左卫大将军，掌管宫廷警卫。贞观十七年（643年），太子李治又以李大亮兼领太子右卫率，掌管东宫宿卫，同时又兼工部尚书。史称李大亮"身居三职，宿卫两宫，甚为亲信"。李大亮以正三品高位统领皇宫和东宫警卫，"每当宿直，必通宵假寐"，丝毫不敢怠慢、偷懒。太宗知道后，非常放心地说："至公宿直，我便通夜安卧。"太宗遇有出京巡幸，总是命李大亮率警卫居守。宰相房玄龄也非常敬重他，经常称李大亮有汉代王陵、周勃之节，可以当大任。

贞观十八年（644年），太宗准备征高丽，车驾至洛阳，将京中军政事务委于宰相房玄龄，命李大亮"副之"。太宗尚未赴辽东，李大亮突然重病不起。太宗亲为调药，驰驿赐大亮。李大亮自知不久于人世，临终上表，请停辽东之征，并强调京师的重要，要太宗"深以关中为意"，表成言终而卒。"死之日。家无珠玉可以为晗，唯有米五石、布三十端"。

李大亮任县令至三品高位，表现出多方面的才能，然其"至性忠谨"，"终始若一"，无愧于太宗对他的八字评价："立志方直，竭节至公！"

◎故事感悟

从李大亮的身上，我们读出了"竭节至公"的真正含义。他将毕生的精力贡献给国家的建设和关乎百姓的安危冷暖之中。可以说，有一颗"公"心的官员是帝王的好臣子，而有一颗"公"心的官员也是百姓的好父母官。

◎文苑拾萃

昭陵

昭陵位于今陕西省礼泉县城东北的九嵕山上，为唐朝第二代皇帝李世民的陵墓，也是陕西关中"唐十八陵"中规模最大的一座。

该陵园周长约60公里，占地面积约200平方公里，共有180多座陪葬墓。由于规模宏大，因而被誉为"天下名陵"，也是唐代具有代表性的一座帝王陵墓。从唐贞观十年（636年）太宗文德皇后长孙氏首葬于此，到开元二十九年（743年），昭陵陵园建设时间长达107年之久。

历史学家认为，唐昭陵是初唐走向盛唐的实物见证，是后人了解、研究唐代乃至中国封建社会政治、经济、文化的难得的文物宝库。

1961年，唐昭陵被国务院列为全国第一批重点文物保护单位。2002年，唐昭陵又被国家旅游局评定为"3A"级旅游景区。

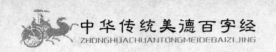

陆贽以天下为己任

◎欲安其家，先安其国。——武则天

> 陆贽（754—805年），字敬舆，苏州嘉兴（今属浙江）人，唐代的政治家、文学家。大历八年（773年）陆贽考取进士，中博学宏辞、书判拔萃科。德宗即位，陆贽被召充任翰林学士；贞元八年（792年）出任宰相，但两年后即因与裴延龄有矛盾，被贬充忠州（今重庆忠县）别驾（州主管官的佐吏）；于永贞元年卒于任所，谥号宣。陆贽有《陆宣公翰苑集》24卷行世。

陆贽，唐朝时期著名的政治家、文学家。少年时陆贽就才智超群，志向非凡。陆贽18岁考中进士，从此走上了济世治国的道路。

建中四年，朱泚发动叛乱。陆贽随皇帝出征，他日理万机，并上书皇帝，请皇帝下罪己诏书，以此激励将士，报国平叛。德宗皇帝虽不情愿，但仍采纳了他的建议。结果是"夫悍卒，无不挥涕感激"，奋勇杀敌。

这年冬天，一些大臣为讨好德宗，请德宗加尊号。陆贽则上书皇帝指出"现在是动乱之时，人情向背之秋，皇帝应注意收揽群心，检讨自己，不应只注重增加美名。与其增美称而失天下，不如废旧号而尊天戒"。他极力劝皇帝不要重名而失德于天下，放弃加号之举。

建中八年四月，陆贽被任命为中书侍郎，为国为民有了用武之地，他决心"以天下为己任，全心报国"。

他首先向朋党开刀。朋党是德宗继位以来一些弄权重臣网罗羽翼、结党营私形成的集团。他们排挤良臣，危害国家，是一股很强的恶势力。陆贽不畏权贵，先断了他的结党之路，取消了过去的选官办法，广求贤财，严格考试制度。之后，他又向当权者发起进攻。

户部侍郎裴延龄为人奸诈，天下人都恨他，但由于他是皇帝的宠臣，人们敢怒而不敢言。只有陆贽不仅当面指责他，而且多次上书皇帝弹劾裴延龄。

伴君如伴虎，由于陆贽多次犯颜直谏，触怒朋党，结果他受到诬陷，险些被杀，最后被贬到忠州当了个小官。但他仍矢志不移，为民做事。当时，忠州疾病流行。陆贽遍访民间，抄录药方，写成《陆氏集验方》，以此济世救民。

◎故事感悟

陆贽一生洁身自好，位高不受礼，官小不行贿；不唯上，不畏权，以天下为己任，一心为民精忠报国，终成一位千古流芳、万世敬仰的一代名臣。他的这种秉公办事的精神值得我们景仰。

◎史海撷英

中书舍人

中书舍人是一种官名。史料上有记载，"舍人"这一称谓始于先秦，本来为国君、太子亲近的属官。魏晋时期，中书省内置中书通事舍人，掌传宣诏命。南朝沿置。到了梁时，除去了通事二字外，称为中书舍人。中书舍人主要任起草诏令等工作，参与国家机密，权力也逐渐加重。到了隋唐时期，中书舍人在中书省掌制诰。隋炀帝时，曾改中书舍人为内书舍人。武则天时，又称其为凤阁舍人，简称舍人。宋代初期也设立了这一官职，但实际上却不任职，另外置有知制诰及直舍人院起草诏令。元代改制后，开始时舍人仍掌其事。辽代时，则属中书舍人院，起草有关的诏令等。明清时期，在内阁中的中书科也设有中书舍人，主要掌管书写诰敕、制诏、银册、铁券等，但权利已非前代可比。

钱镠公勤国事

◎天下为公会有期。——柳亚子

> 钱镠（852—932年），字具美（一作巨美），杭州临安（今属浙江）人。钱镠是五代时吴越国的创建者，于开平元年（907年）封为吴越王。

钱镠治理国事以"勤"著称。小时候，钱镠胸怀大志，十几岁就投戎从军了。在军中，他未睡过一宿安稳觉。为了不误事，他找来一块小圆木，一个大铃铛当枕头。困极了，就枕上小圆木或大铃铛打个盹。圆木一滚，或铃铛一响，就惊醒了。

参与国事后，他仍勤劳不辍。夜间，来人禀报公务，侍女震动几下窗棂纸，他就立刻起身。

钱镠常常告诫部下忠于职守，为了做到这点，他想出一个办法：向城墙外值班士兵弹射铜丸，以示警告。

一次，他便衣出行，傍晚时来到北门下，谎说有要事进城，守门兵士不肯放行，说："即使我们吴越王来了，门也不打开！"他又去了几个城门，都是这样。第二天，他厚赏了守门兵士。

国事繁忙，恐有遗忘，钱镠便在自己的卧室设一个粉盘，将重大国事记在上面，坚持到老。

钱塘海潮常常袭击沿岸村庄，淹没田地，伤亡人畜。钱镠下令建筑了钱塘江海堤，又下令在太湖流域建起了堰闸，凡河、浦无一疏漏。为了保护堰堤，他还建立了水网圩区维修制度。从此，太湖流域水治年丰，旱涝保收。

　　吴越国小，常遭外侮。公元919年，将军何逢在无锡阵亡，钱镠亲临吊唁。他看见了将军的战马，眼泪扑簌簌地掉下来。他下令厚恤了将军亲属，亲自为将军守灵。

◎故事感悟

　　钱镠一生为公，勤于国事，注意国计民生，使吴越小国成为五代乱世中相对平稳的地区，并比较主动地融入宋统一中国的潮流中。钱镠公勤国事的精神值得称颂。

◎文苑拾萃

钱王陵

　　钱王陵坐落于今浙江临安市锦城太庙山上，海拔92米，距杭州市38公里。该墓背靠太庙山，左右列距青龙白虎两山，与功臣山遥遥相对。陵区内筑有牌坊、钱王祠、凌烟安国楼等景点。

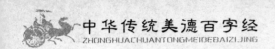

张养浩为民忧劳

◎天下为公是中华民族的一项传统美德。——名言

> 张养浩（1269—1329年），汉族，字希孟，号云庄。山东济南人，唐朝名相张九龄的弟弟张九皋的第二十三代孙。张养浩是元代著名的散曲家，他诗、文兼擅，而以散曲著称。他的代表作有《山坡羊·潼关怀古》等。

　　张养浩，元代官员，因勤政爱民备受百姓拥护。在一次任赈灾官员时，他曾四个月没有回过家，最后竟死于任所。

　　元文宗天历二年（1329年），关中大旱，民不聊生，朝廷决定派勤于职守的张养浩前去赈灾。张养浩深知关中这次大旱为几十年所罕见，此次赈灾任务非常艰巨。他在临行前便将家中所有的财物散发给乡里贫苦人家，以表明自己此次完成任务的决心。然后便带着救灾的粮食和其他物品，登车赴任，赶往灾区。沿途遇到灾民就发放粮食，死者则予以安葬。到任后他便四处了解受灾情况，发放救灾物资，慰问灾民，夜里就住在官署里，四个月没有回过一次家。

　　在赈灾期间，他不仅做事勤奋，而且能够根据当时的灾区情况制定出具体办法，以解决灾民的实际困难。当时由于受灾严重，粮食短缺，米价昂贵，一斗米价格高至十三缗钱。一些米商和官府中的不法官吏又借机从中勒索。那时使用的纸钞，字迹稍有模糊，米商便拒收，灾民到官府的钱库去换新钱，不法官吏却说十文钱只能换五文，而且还要等上许多天，饥民叫苦不迭。张养浩针对这种现象，下令从官库中还没有被销毁、仍可辨认的旧钞中捡出一千零八十五万五千余缗，在背面盖上印记，注上"十贯"、"五贯"等字样，发散给饥民。同时责令米商：对持有此券者，一律售给，然后到官府统一包换。这样一来，不法官吏就无法再趁机勒索百姓了。

张养浩以年过六旬之身，终日为赈灾工作四处奔波，终因操劳过度而积劳成疾，死于任所。关中百姓听说张养浩去世，都悲痛落泪，如丧父母。

◎故事感悟

张养浩心系于民，将百姓疾苦铭记于心。虽然张养浩是一个封建社会的官吏，但其勤政忘身、为民忧劳、死而后已的精神却很值得后人效法。

◎文苑拾萃

山坡羊·潼关怀古

（元）张养浩

峰峦如聚，波涛如怒，

山河表里潼关路。

望西都，意踌躇。

伤心秦汉经行处，宫阙万间都做了土。

兴，百姓苦；亡，百姓苦。

孙承宗以身殉国

◎以国家利益为最高利益。——谚语

孙承宗（1563—1638年），字稚绳，号恺阳，北直隶保定高阳（今属河北）人；明末最伟大的军事战略家、民族英雄；明光宗朱常洛、明熹宗朱由校的老师。

明朝天启二年（1622年），清军逼近广宁（今辽宁北镇），明巡抚王化贞弃城而走，结果熊廷弼欲救不及，退入山海关，最终二人均被下狱处死。

代替熊廷弼经略辽东的是兵部尚书王在晋。他见辽东大势已去，没有了兴复的志向，于是打算放弃关外，据守山海关。朝廷得知情况，一时拿不定主意。正在此时，内阁大学士孙承宗挺身而出，自请亲往决策。他以内阁大学士兼兵部尚书加太子太保衔来到山海关，经过详细调查与周密考虑，认为宁远（今辽宁兴城）等地可守。他推心置腹地与王在晋说了七昼夜，而王在晋始终不敢出守关外。孙承宗无可奈何，还朝后奏免王在晋，自请赴辽东督师，从此开始了他辛劳而艰难的督师生涯。

孙承宗风尘仆仆地来到辽东，尚未停歇，便大阅关上将士，淘汰逃将数百人，遣还河南等地疲兵万余，以所救关外难民代之。随后又出关巡视宁远等地，并兴工建宁远城。不久，宁远城工竣，关外守具毕备，孙承宗图谋大举。无奈当时朝中无人，朝臣只求无事，不思进取，孙承宗难展其志，反遭弹劾，只得自请离官还乡。

这是孙承宗第一次督师辽东。从他自请督师，到自请离官，前后共四年时间。

孙承宗励精求治，经营辽东，排斥逃臣，反对退缩，其间得罪了一些意见相左、庸碌无为之人，自天启五年（1625年）离职后，多年不被朝廷起用。直到崇祯二年（1629年）清兵入关，攻取遵化，威胁北京，孙承宗才得到重新起用。他被崇祯皇帝召入宫中问策，待到谈毕出宫时，已是深夜。孙承宗顾不上休息，立即周阅都城，检查守备情况，直到天色微明，又出阅外城。这时的孙承宗已是67岁的老人。

次日夜半，孙承宗突然得到让他出守通州（今北京通县）的圣旨。他深知军情之急迫，当即带27骑出东便门，火速赶往通州。

这次北京之围便发生了崇祯皇帝中计，误杀袁崇焕的悲剧。袁崇焕被杀后，辽东更加混乱，至孙承宗移镇山海关后，才安稳下来军心。

孙承宗出镇后，关内外渐次稳定。他本欲以年高告退，崇祯皇帝未允，于是放下个人所请，外经画边略，内与修《神宗实录》。到崇祯四年（1631年）正月，孙承宗又不顾严寒，出关东巡，抵达松山、锦州等地；回关内后，又复西巡。但是，就在这一年十月，清军再陷大凌河（今辽宁锦县）等地，孙承宗承担责任，被夺官闲住，回到了家乡高阳。从此他离开了边关重镇，长达7年未得到召用。但孙承宗的心中却从未放下过边关大事，他被夺职后还上书皇帝，列边计十六事，可惜都未能得到采纳。

崇祯十一年（1638年），清军再次破关而入，十月九日包围了高阳。居乡闲住的孙承宗，以76岁高龄，再次得到了保卫家乡的机会。他率领家人子弟，登城拒守。清军久攻不克，决定回师。清军在城外绕城呐喊，守城军民也鼓噪相应。清军由此探知城内虚实，说该城容易攻下，于是再度围城。次日城破，孙承宗被俘，他朝着北京方向叩头，然后自缢而死。随同孙承宗一起战死的有他的五个儿子、一个侄子、五个孙子和六个侄孙，可谓是阖门殉国了。

在明末颓败的国势下，挺身而出，为国事劳瘁死而后已的精英之中，孙承宗又可谓是名佼佼者了。然而在那时，谁又能有回天之力呢？何况孙承宗辛勤劳碌换来的却是夺官闲住。所幸的是历史最终还是给他安排了一次机会，让他将那满腔热血洒在了故土之上，给后人留下了悲壮的一页。

◎故事感悟

一生贡献于国家，为国为民操劳不已，鞠躬尽瘁。一心试图挽回国家颓败之势，回天乏力，最终以死殉国。孙承宗的心里装着黎民百姓的生死安危，骨子里流淌着救国于危亡之间的血液。他这种鞠躬尽瘁的精神也感染着一代又一代人，激励着人们继承和发扬这种天下为公的精神。

◎文苑拾萃

车营扣答合编

《车营扣答合编》又名《车阵扣答合编》或《车营百八扣答说合编》，是中国明代的一部关于火器和车、骑、步编组成营配合作战的兵书。该书由《车营百八扣》、《车营百八答》、《车营百八说》和《车营图制》汇编而成，为明末河北高阳人孙承宗以兵部尚书经略蓟辽、指挥抵抗后金战争期间所撰。由于当时的兵书都保密，所以这部著作当时并没有全部刊行。清同治七年（1868），这本著作才被汇刻成书，共四卷，7万余字。

该著作通过问、答、说的方式，对车营及车营作战中的108个问题作了详细的解答，全书内容涉及车营编组方法、阵法布列、行军作战、后勤保障等等方面，重点论述车营的战法。该著作中阐述的作战原则、方法等，都是作者亲身作战及实践经验的总结，反映了火器与车、步、骑、辎结合运用的作战特点，因而也具有重要的军事学术价值。

康熙帝夙夜勤政

◎为民造福。——格言

康熙（1654—1722年），名爱新觉罗·玄烨，是清朝第二代皇帝。顺治十八年（1661年）玄烨即位，时年8岁，由索尼、苏克萨哈、遏必隆、鳌拜四大臣共辅政，年号康熙。康熙执政期间，撤除吴三桂等三藩势力，统一台湾，平定准噶尔汗噶尔丹叛乱，并抵抗了当时沙俄对我国东北地区的侵略，签订了中俄《尼布楚条约》，维持了东北边境150多年的边界和平。雅克萨战役时，康熙派遣黑龙江将军萨布素成功地驱逐了沙俄对黑龙江流域的侵略，收复了雅克萨城和尼布楚城。康熙六十一年十一月十三日（1722年）晚，一代英主康熙大帝在畅春园溘然长逝。

康熙是清代的著名皇帝，在中国历代有作为的帝王中也算得上是一位佼佼者。

康熙8岁登基，他自幼好学，善于钻研。他认为，只有这样才有利于勤政，有利于励精图治，一展宏图。他曾说："儒学经典直接关系着致治之道。"因此，"听政之暇，即于宫中披阅典籍，殊觉义理无穷，乐此不疲"。并以此来"体会古帝王孜孜求治之意，期见之施行"。康熙九年（1670年）十月，他下令举行"经筵大典"。即使在平定三藩叛乱的紧张时刻，仍然"每日进讲如常"。回到宫中，"不时温习，未有间断"，用于政事之中，"务期躬行实践"，"以资治道"。

康熙帝亲政后，看不惯原来的辅政大臣、专权跋扈的鳌拜，于是迅速将其捉拿治罪。随后，他又发布上谕，把自己励精图治的愿望告诉群臣："朕夙夜图治，切念民生艰难，必加意抚绥，各俾安居乐业，乃成久安长治之道。"之后，他认真研究了国内情况，认为三藩及河务、漕运为必须解决的三件大事，并对此"三大事，夙夜廑念，曾书而悬之宫中柱上"，时时观看，以自警。几十年后，写在柱子上的三件大事仍然清晰可见，成为康熙帝励精图治的见证。

平定三藩之乱是康熙帝维护祖国统一的一大功绩。三个藩王是指平西王吴三桂、靖南王耿精忠和平南王尚可喜。他们以效忠新主、镇压农民起义军及抗清力量居功自傲，占据南方数省。其中尤以吴三桂为突出，他久有异志，密谋反叛，分裂中国，欲与清廷分庭抗礼，称帝南方。

康熙十二年（1673年），康熙帝力排众议，下令撤除吴三桂等三个藩王，他说："吴、尚等蓄彼凶谋已久，今若不及早除之，使其养痈成患，何以善后？况其势已成，撤亦反，不撤亦反，不若先发制之。"果然，撤藩令下，吴三桂举兵倡叛，一时间，举国动荡，形势危急。为了早日平定三藩之乱，康熙帝苦思焦虑，夜以继日。当时，每日军报多达三四百件，他手批口谕，毫不怠懈，而且指示明确，切中要害。他对于各个战场的指挥，经常是先命前线将帅和督抚提出意见，再命议政王大臣或九卿会议奏明。至于一些至关重要的战役，他则明令前方主帅绘制敌我双方形势图呈进，反复研究，再定出作战方略。在前方将帅和各族人民的共同努力下，康熙帝经过八年的苦战，终于取得了平叛胜利。

但是，康熙也清醒地知道这场战争所带来的巨大创伤，为此，他提出战后的当务之急是恤兵养民，使兵民得以休息，永消来日之隐患。君臣之间，"益加修省"，而澄清吏治，"务以廉洁为本"，"用致太平"。因此，三藩之乱带来的社会创伤很快得以医治。在此之后，康熙帝六下江南，着重解决治河及漕运问题，取得了明显效果。后又通过调整统治政策，缓和阶级矛盾，整顿吏治，发展生产，从而实现其"孜孜求治"的目标。

康熙二十二年（1683年），清廷统一台湾在即。康熙帝运筹帷幄，不失时机地向固守在台湾的郑氏集团颁布了一道谕旨。他在谕旨中指出：包括台湾在内，"无不欲其成登衽席，共享升平"。但是，自清朝建立以来，由于双方长期处于对峙状态，"以致沿海地方，里闬不宁，时遭兵燹之厄"。这种状况应尽早结束，台湾应回到清朝管辖之中。形势已很明显，澎湖一战后，郑氏余众败回台湾，非常孤立。此时此刻，郑克塽等要认清局势，早作决断，"审图顺逆，善计保全"。如果郑氏能够真心归诚，他将不咎既往，还要"从优叙录，加恩安插，务令得所"。他郑重地告诉对方，"煌煌谕旨，炳如日月"，表明说到做到。这道谕旨突出体现了康熙帝凤夜勤政的作风。

此后，在许多重大问题上，如抗击沙俄、签订中俄《尼布楚条约》、平定噶尔丹之乱、六次南巡治河等，康熙帝或亲自东巡，多方部署；或明确谕令，坚持原则；或三临前线，身先士卒；或亲至河道，指授方略。"昔人每云，帝王当举大纲，不必兼综细务"。康熙帝不同意这种观点，他坚持"一事不谨，则贻四海之忧；一时不谨，则贻千百世患！不矜细行，终累大德，故朕每事必加详慎"。

康熙二十三年（1684年），康熙帝出巡，规定：一应本章俱三日递到一奏。十月的一天，康熙帝等到了二鼓，还不见本章送到，问之数次，因未经递到，他强调指出："奏章关系国政，最为紧要！朕凡在巡幸之处，奏到随听览，未尝一有稽留。前此递本官员因其迟误，朕已经重处。此番本章何又至今未到？今日奏章不拘时刻到来，尔等即便呈进，朕宵兴省览。"是夜四鼓，本章才递到呈进，康熙帝立即披衣而起，一一详审，通宵达旦。次日黎明，将折本全部处理完毕。

夜分而起，未明求衣；彻曙听政，日晡而食。数十年间，极少间断。这是康熙帝勤于政事的突出表现。康熙帝于每日清晨至乾清门，听部院各衙门官员面奏政事，与大学士等集议处理，这就是御门听政之制。而康熙帝对自己的要求则是务在精勤，有始有终。在他执政的前几十年间，"夙兴夜寐，有奏即答，或有紧要事，辄秉烛裁决"。即使到了晚年，右手因病不能写字，仍用左手执笔批旨，而决不假手他人。他在临终前留下的遗诏中说："自御极以来，虽不敢自谓能移风易俗，家给人足，上拟三代明圣之主，而欲致海宇升平，人民乐业，孜孜汲汲，小心敬慎，夙夜不遑，未尝少懈，数十年来，殚心竭力，有如一日。"这并非过誉之词。

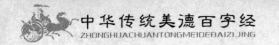
康熙帝勤于政务，兢兢业业，以身作则，为"康乾盛世"的出现奠定了重要基础，也为后来的雍正帝、乾隆帝等树立了勤政的榜样。

◎故事感悟

康熙一生都在为国家的繁荣昌盛努力奋斗着。社稷安危牵动着他的心，百姓冷暖牵动着他的心。身为一国之主，他用行动践行了一位明君应有的品行与修为。

◎史海撷英

移天缩地，兴修园林

康熙时期，康熙帝曾修建了畅春园、承德避暑山庄、热河木兰围场等建筑。到了乾隆时期，乾隆帝又继续兴修三山五园（即香山、玉泉山、万寿山和畅春园、圆明园、静明园、静宜园、清漪园（颐和园））。这样一来，清代就将中国的古典园林艺术推到了一个最高峰，清朝修建的园林也成为中华民族的一份宝贵的自然遗产。

承德的避暑山庄是一座比北京颐和园大一倍的皇家园林，但它却不是通常意义上的休息场所，而是与木兰围场一样，是康熙政治大棋盘上的一颗重要棋子。这些按照蒙古西藏等民族风格修建的宫殿庙宇，更重要的意义在于让蒙藏等各上层人物在进入山庄后，能获得一种宾至如归的感受。

六世班禅为乾隆祝寿时，就曾住在承德的避暑山庄；他派遣驻藏大臣、明确灵童转世和金瓶掣签制度都在这里。蒙古王爷们朝见皇帝住在避暑山庄，皇帝接见外国使臣也是在这里，卷帙浩繁的《四库全书》存放在这里，嘉庆和咸丰两位皇帝先后死在这里。总而言之，避暑山庄见证了清王朝几百年所经历的风风雨雨。

陶元淳理政不遗余力

◎权为民所用，情为民所系，利为民所谋。——名言

> 陶元淳（1648—1698），字子师，江苏常熟人，康熙二十七年进士。康熙三十三年，陶元淳被任命为广东昌化知县，在任期间，他厘定赋税徭役，裁减、革除各种杂税，统一了测定物体轻重大小的器具，制定法令制度，与百姓亲如一家。陶元淳生活节俭，为官时每日只需供应一束韭菜。

康熙三十三年（1694年）六月，广东昌化县（今属海南省）的穷苦百姓迎来了一位新上任的知县。时隔四年，当这位父母官以操劳过度卒于任上之后，人们又含着热泪，以依依不舍的目光送走了他的灵柩。从此之后，该知县的名字却永远留在了昌化县。他就是清代著名的清官——陶元淳。

陶元淳上任伊始，就深入民间，了解情况。他"时步行村落间，问民疾苦，煦妪如家人"。在调查的基础上，他针对昌化县的问题逐一予以解决。昌化县原来额定上交租税之田有四百余顷，后频遭水患，"半沦于海"，原额中已有三分之一成为无法落实的"浮粮"，百姓为之困扰。陶元淳具文上官，请免"浮粮"，由于上官置之不理，他便撰《浮粮考》一文，俱陈事之始末，屡次为民力争。然而又是石沉大海，久久不见答复。陶元淳感慨万分，他知道，只有在自己力所能及的范围内减轻百姓的负担。于是，他开始"定赋役，均粮以亩，均役以粮"，同时，"罢徭差，革杂征，自坊里供帐始"。

在减轻农民负担的同时，陶元淳还积极发展生产。鉴于昌化"海滨土瘠，禾稼鲜登，乃度隙地立墟市，大招流亡，劝开垦，予以牛种"，并规定新垦荒

地不起征。于是，"民始相率以力耕为业"。

昌化县隶属琼州府，有黎人居住。以往的地方官以管理黎人为由，选当地"黎头"为"土舍"，协助征粮理讼。这一制度，弊端丛生："下之为土舍者，将凭官府之势以纵谿壑之欲；而上之为官府者，又将役土舍之力以规物产之利也。上下交徇其欲"。陶元淳针对这种情况，"力行清理"，他下令坚决裁去土舍一职，并赴黎人居住的山寨，张贴榜文，使"有冤者得诣县陈诉"。随后，"一权量，定法度"，从而解决了土舍之患，终使"黎民乐业"。

自到昌化之日起，陶元淳就为发展昌化而勤奋工作，从不稍怠。凡属他权限范围内的事，他立即组织去做；凡需报上官解决的，他便积极呈文上官。他经常是白天处理政务，晚间亦伏案不息。仅在任四年，他就写了《浮粮考》、《论昌化海防》、《筹昌化营汛兵制议》、《上萧巡抚请抵粮支谷议》、《议昌化县徙居所城状》等有关地方行政事务的文章，而且被后人收入《皇朝经世文编》，可见文章之重要。

陶元淳到任不几年，终于以自己的不懈努力使昌化的面貌得以改变。原来，昌化县一派萧条景象，域外"村烟少"，城内居民"仅七十余家"。后来，生产发展了，人口增加了，"民始知有伏腊宴会之乐，于是闻风归附踵相错，城内外屋宇皆新"。

就在昌化县逐渐变化的同时，陶元淳却因为过度劳累而身体日衰。他原来身体很好，"素强无疾"，可到官后自奉节俭，"节衣缩食，署中尝至绝粮"，平日吃的就只是一束韭菜；就在陶元淳身体极度虚弱的时候，昌化县发生了旱灾，他积极组织抗旱，连日不得安枕，缺少足够的睡眠；为了尊重地方习俗，他亲自登上县东北的竣灵山，祈祷上天降雨，"雨立降"，他却受寒腹泄，疾病逐渐加剧，不久，陶元淳"竟以勤绩卒于官"。

陶元淳虽然官位不高，当官时间也不长，但他不遗余力、鞠躬尽瘁的精神却使他活在百姓心中，虽死犹生。在他的灵柩运回家乡，途经琼州海峡渡口时，遇到琼州府赴省城参加乡试的百余名生员，他们得知是陶公的灵柩，争相护行，百姓亦主动让灵柩先渡，无一人相争。昌化县人民将永远怀念这位父母官。

◎故事感悟

　　陶元淳为了百姓的安居乐业业，疲于奔命，将为百姓的幸福视为自己的第一要务。他以一颗无私的心将自己的全部精力献给了他所热爱着的那片土地，不幸积劳成疾，以身殉职。

◎史海撷英

昌化县

　　昌化县始置于唐代，唐垂拱二年（686年），析于潜县置紫溪县，隶属杭州，现位于今浙江临安市潜川镇城后村。

　　武周万岁通天元年（696年），昌化县改名为武隆县，同年又复改名紫溪县，并析紫溪县另置武隆县，县治在今浙江临安市昌化镇（曾名武隆镇）。神龙元年（705年），武隆县又被更名为唐山县。大历二年（767年），唐山、紫溪两县并入於潜县。长庆二年（821年），又置唐山县。五代梁开平二年（908年），改唐山县为金昌县。后唐同光元年（923年），复名唐山县。后晋天福七年（942年），改名为横山县，不久又被改为吴昌县。

　　北宋太平兴国四年（979年），吴昌县被改为昌化县。南宋时，昌化县属于临安府。到元代时，昌化县又属杭州路。明、清时期，则隶属于杭州府。

　　民国元年（1912年），杭州府被废，昌化县改省直辖。民国三年，设道，昌化县属钱塘道。民国十六年，废道，昌化县又改为省直辖。

　　1949年昌化县解放后，隶属于临安专区。1953年，临安专区撤销，改属为嘉兴专区。1955年昌化县划属建德专区。1958年，於潜县并入，昌化县隶属嘉兴专区。1960年8月，昌化县并入到浙江省的临安县。

◎文苑拾萃

和唐张谓韵

（清）陶元淳

道路非难作吏难，
一洲鳌背立郊坛。
人言琼管曾开府，
我道囚山合挂冠。
万里亲知春梦断，
一生事业暮潮寒。
新恩已是投荒处，
却望新恩福地看。
如此穷途欲进难，
朝天漫上越王坛。
蹋高不合伸强项，
逐裸何须岸大冠。
徼外山河逢客醉，
心头铁石向人寒。
长安日下犹言远，
穷海孤臣那得看。

胡宝瑔病危献策

◎奉献是一种美德。——名言

　　胡宝瑔（1694—1763年），字泰舒，江南歙县人，清朝大臣，雍正元年举人。乾隆二年，胡宝瑔考授内阁中书，充军机处章京。乾隆八年，迁侍读，考选福建道御史。乾隆十一年，转户科给事中，迁顺天府府丞。授府尹，历宗人府府丞、左副都御史，擢兵部侍郎，兼府尹如故。乾隆十七年，胡宝瑔任署山西巡抚；乾隆十八年，实授；乾隆二十年，调江西；乾隆二十七年，胡宝瑔因病辞官。乾隆二十八年，卒，加太子太保、兵部尚书，赐祭葬，谥恪靖。遗疏请入籍青浦，许之。

　　乾隆二十七年（1762年），当河南巡抚胡宝瑔病危的消息传进京城之后，乾隆皇帝极为关切，曾数次赐予他药物及食品，并派太医予以诊治。作为国君的乾隆皇帝之所以对这位大臣如此厚爱，那是因为胡宝瑔任官30年来一直是勤勤恳恳，不辞辛劳。甚至在病危之际，仍念念不忘他在河南任上负责的水利工程，上疏乾隆帝，提出最后的宝贵意见，致使乾隆帝深为感动。

　　乾隆六年（1741年）之后，胡宝瑔几次被派遣外出办事，如到东北清查黑龙江、吉林开垦荒地，到直隶赈济灾民，他都是勤勤恳恳，任劳任怨。乾隆十三年（1748年），胡宝瑔又奉命跟随大学士傅恒征金川。他"日驰常三百余里，遇险则徒步，蹑危崖断栈，从者多不相及"，有时竟"三昼夜一食"。金川告捷，虽由傅恒指挥，但"赞画机宜"，胡宝瑔"劳绩最著"。凯旋之后，乾隆皇帝"亲斟金卮赐公酒，海内荣之"。

　　乾隆十七年（1752年）以后，胡宝瑔始放外任。先是任山西巡抚，他"抚饥民，理冤狱，劾贪吏，整关隘堤防，诸政并举"。后又调湖南、江西，清理两地矿政，同样颇见成效。乾隆二十二年（1757年），胡宝瑔调任河南巡抚。当时黄河屡屡决口，河南、山东、安徽被涝者六十余州县。朝廷派侍郎裘日修与胡宝瑔共同调查治理水患。胡宝瑔一到河南，就把治水当做自己义不容辞的责任。他奔波于全省各地，详细了解情况。经过多方调查研究，他与裘日修上书治理黄河，建议将河南境内四条干河疏浚加宽加深，辅之以"截沙湾，塞决口，拓旧堤"，"分要工、次工、缓工，次第兴修"。乾隆帝赞扬说："胡宝瑔不辞劳瘁，能体朕意，尽力调剂，以苏穷民，甚可嘉也。"第二年，河南段的治黄工作完成，乾隆帝亲制《中州治河碑》，褒奖胡宝瑔与裘日修，"不惜工，不爱帑，不劳民"。

胡宝瑔深知治理水患绝不是一劳永逸之事，因此在取得初步成效后，继续专心防患。他"督令州县经理沟洫，每一州县中开沟自十数道至百数十道，长自里许至数十里，宽自数尺至数丈，皆以足资蓄泄为度"，"自是连岁大稔"。二十五年（1760年），他又建议对已建堤坝三年一小修，五年一大修，得到了乾隆帝的批准。

这年冬天，胡宝瑔被调往江西。次年七月，黄河又于河南境内决口，乾隆帝再次将他调回河南。这时的胡宝瑔已68岁，但他不顾体弱多病，仍以治水为己任，全心扑在治河上。他上疏建议将逼近决口处的贾鲁、惠济两河增筑堤堰，两岸多挑渠巷，同时建滚水坝，以导黄河水入两河。

乾隆二十七年（1762年），正在胡宝瑔专心治水时，由于长年奔波，积劳成疾，他终于病倒了，而且病情相当严重。乾隆帝闻讯，派专人去探望。这时，胡宝瑔请来人向皇帝转呈他的一个奏折。这是处于病危之际的胡宝瑔上的最后一个奏折，奏折里既没有谈自己的病，也没有向皇帝提出任何个人要求，通篇所谈，仍旧是他念念不忘的治水问题。他汇报了自乾隆二十三年河工告竣之后的各项水利工程，其中谈到各州县所开沟渠，应"每岁或春融，或农隙，随时加浚宽深"。乾隆皇帝看到胡宝瑔的病危建言，大为感动，他敬佩这位老臣鞠躬尽瘁的精神，因此急速赐药派太医，争取抢救胡宝瑔；同时，又将胡宝瑔在河南各州县开沟渠的做法令直隶总督仿行。

　　乾隆二十八年（1763年）正月十八日，胡宝瑔病故。乾隆帝"深轸惜"，特加赠太子太保、兵部尚书衔，赐祭葬。胡宝瑔的去世，使黎庶"悲思"，士友"追念"，时人"陨涕"，人们为"朝廷失一公忠任事之贤臣"而惋惜。这一切，正是对胡宝瑔的最好评价。

◎故事感悟

　　胡宝瑔为官期间任劳任怨，即便生命垂危之际，仍念念不忘自己的工作。他虽然病故了，但却永远活在当时百姓们的心中。

◎史海撷英

侍读

　　侍读是一种官名。唐开元十三年（725年），设置了集贤院侍讲学士与侍读直学士，主要的职责是讨论文史，整理经籍，备皇帝顾问。宋咸平二年（999年），又设置了翰林侍读学士与侍讲学士。金翰林学士院、元翰林兼国史院、明清翰林院等，均有侍读学士与侍讲学士。明清时期，翰林院还有侍读、侍讲等。清朝时，在内阁还设置了侍读学士与侍讲学士。

◎文苑拾萃

山东上年被灾州县颇多

（清）乾隆

齐鲁民何辜，

连年未逢稔。

每念沟壑填，

深宫那安枕。

昨始入兖境，

所见犹未甚，

寸衷稍自慰，

为之食甘脍。

孰知数日来，

触景堪愁朕，

村落多萧条，

老幼率惛憭。

腹饥嗷鸿哀，

衣薄状鹤濣，

纵屡加赈施，

未足苏凄凛。

休助古有经，

损益道须审，

用是截漕艘，

亟命发仓廪。

嗟哉守土臣，

旬宣其勤恁。

王仁福以身护堤

◎将百姓利益铭记于心的官员是值得称赞的。——名人名言

> 王仁福（？—1867年），字竹林，江苏吴县人。王仁福少诚悫，勇于任事。他祖宦河南，殁后，仁福扶柩归葬。同治五年，署祥河厅同知。后卒于任上。

鸦片战争之后，社会动荡，清朝官员也随之开始了明显的分化。一些有识之士为拯救危机而振臂疾呼，然而相当多的官员却不顾国家安危，过着奢靡的生活。但还有少数人依然忠于职守，勤勤恳恳地工作。其中同治朝以身殉职的河道官王仁福算是较为突出者。

王仁福的祖父曾任官河南，后卒于任。他为官虽"有隐德"，然功绩不显赫。这对王仁福的影响很大。王仁福决心继承祖父的事业，遂于咸丰初年赴河南，以捐纳获得布政司经历。清代的捐纳制度始于康熙朝。当时由于战争及救灾、治水等各项工程繁多，资金紧张，清政府遂决定凡出资助政府者可获得官位，这就等于允许有钱人用钱来买官。初时，许多以捐纳得官者还能为百姓办些事。到鸦片战争以后，捐纳滥行，许多人花钱买了官，上任之后拼命搜刮百姓，再以此买更大的官。然而，王仁福却不同，他虽以捐纳获官，但绝不是为了搜刮百姓，而是要在祖父工作过的地方作出成绩，以报答父、祖的教诲。他做了布政司后，勤勤恳恳，很快便改任东河通判，协助东河总督，负责治理河渠事务。

自从当了河道官之后，王仁福一心扑在治河上。他率役疏浚沟渠，加固堤坝，成绩显著，很快便以防汛有功加同知衔。王仁福为了治河，索性又出

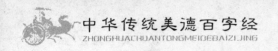

资正式做了东河同知。当时的开封，城外壕沟沙淤如平地，王仁福奉檄浚治。他亲临工地，日夜督办，工程如期完成。

由于王仁福在治河任上竭尽全力，同治五年（1866年），新任东河总督苏廷魁把他调到工作最艰巨的祥河同知任上。等待王仁福的绝不是个美差，自从黄河改道北徙之后，河南水患不绝，加上当时军事频繁，"国家岁入悉以输兵犹不给，河工之帑骤减，曾不常时十之一二"，于是造成"岁修不敷，堤埽残缺，料无宿储"，而祥河更是"汛地当冲，险工迭出"。因此，对于祥河同知，"人皆视为畏途"。但王仁福却毅然接受了这项工作，义无反顾地走上了新的治河岗位。史载，王仁福赴祥河同知任，使"旁观者皆咋舌"。这里既表达了人们对他的钦佩和赞叹，同时也包含了对他前途的担心。

王仁福到任后，"尽力修守，不避艰危"。他经常是"奋捐躬亲"，出现在治水第一线。他还多次亲赴上官衙署，以解决河工经费问题。人们很难在河道衙门里找到这位河道官。

同治六年（1867年）八月，大雨，"水骤长，汹涌澎湃，激注埽前，掣埽去如剖木"，堤坝岌岌可危。王仁福奔走于风雨泥淖中，抢护堤坝整整七昼夜。后因款料俱竭，又一时无法向外求援，王仁福决定发动百姓，以身护堤。当地居民被王仁福的行为所感动，纷纷响应，聚集堤坝前。风在刮，雨在下，王仁福面对成千上万的百姓，感动得流下了热泪，他对奋勇护堤的众人说："我为河官，挤汝等于死，我之罪也，当身先之。"说罢，第一个冲上了大堤，人们尾随而上。这时，一个大浪打来，把王仁福卷入水中，人们虽奋力抢救，却未能得其尸。身为河道官的王仁福为了尽忠职守，在特大洪水面前，临危不惧，身先士卒，献出了宝贵的生命，这时他仅仅49岁。

王仁福以身殉职的精神感动了所有在场的百姓和大小官员，人们拼死与洪水搏斗，终于战胜了洪水，使"残堤得保"。事后，人们为纪念王仁福，将他的衣冠入敛。东河总督苏廷魁也将他的事迹上报朝廷，皇帝下诏依阵亡例赐恤，并准附祀河神祠。人们将永远怀念这位为治河事业十几年如一日、鞠躬尽瘁的河道官。

◎故事感悟

　　为了践行一个誓言，王仁福把自己的生命永远地定格在自己所热爱的事业上。他以自己的身躯捍卫了百姓的生命安全，留给人们不尽的思念。他这种大公无私的精神感动着当时的人们，也给后人留下了千古美谈。

◎史海撷英

清代捐纳制度

　　清代捐纳制度是与科举制度互相补充的一种制度，一部分人通过科举考试做官，一部分人通过捐纳银钱做官。捐纳制度始于顺治朝，完备于康熙、雍正、乾隆三朝，冗滥于咸丰、同治两朝，终于宣统朝。它与科举、荫袭、保举同为清朝选拔官吏的重大途径，先后存在了200多年，对于清代的社会政治，尤其是晚清的社会政治、经济、文化产生过非常广泛而深刻的影响。

王鼎一心为公

◎君子至公引类，小人徇私立党。——何坦

> 王鼎（1768—1842年），字定九，号省厓，陕西蒲城西街达仁巷人，清代著名抗英名相，嘉庆和道光皇帝的老师。清嘉庆元年（1796年）王鼎中进士，历任翰林院庶吉士、编修、侍讲学士、侍读学士和礼、户、吏、工、刑等部侍郎、户部尚书、河南巡抚、直隶总督、军机大臣、东阁大学士。他曾改革河务、盐政，平反冤狱，颇有政绩。鸦片战争中，他极力主战，反对议和投降，割让香港。后于1842年6月8日深夜立下遗嘱，自缢于圆明园，享年74岁。

王鼎，在宦海奔波一生，为人正直，一心为公，忧国忧民，为民解困，做了不少好事。

王鼎在任军机大臣期间，多次奉清朝皇帝之命外出查办疑难案件。几十年间，他共历九省，办大小案40余案。每案他都酌情审理，秉公执法，"判断明允"，并惩处贪官污吏。

1841年夏天，黄河从河南开封附近的祥符决口，王鼎受命治理黄河。当时，洪水横流，奔腾不羁。一些昏庸的官吏竟置人民的死活于不顾，不是急着堵口治河，而是先迁省城以避水祸。王鼎听说以后，非常气愤。他慷慨陈词，力排众议，并积极采取措施，保守危城。此时，开封城下，四面皆水，颇有旦夕颓圮之危。73岁的王鼎亲率官吏，日夜巡护城池，终保危城无恙。堵河工程开始后，他又不畏艰辛，驻扎在工地，和民役一道饮露宿星。他晚上操劳经常通宵达旦，白天疲倦时就躺在轿子中休息片刻。治河6个月之久，他未返回省城行馆就寝。在王鼎的督察指挥下，堵河工程终于按期竣工。

鸦片战争中，抗战派报国无门，投降派弹冠相庆。王鼎对此目不忍睹，当着道光皇帝面怒斥穆彰阿等人的卖国行为，并建议道光皇帝起用林则徐。但是，道光皇帝置之不理。王鼎积愤难消，不久便关门自草遗疏，再度苦谏道光皇帝起用林则徐抗敌保国和谴责穆彰阿祸国害民，书毕，置遗疏于夹衣衫中，怀着满腔的悲愤，在圆明园寓邸中演出了一幕自缢尸谏的悲剧。

王鼎去世后，陕西蒲城的绅士、乡亲们都怀着对王鼎的崇敬之情，报陕西巡抚奏请道光皇帝，将他埋在故里。关于王鼎一心为公的事迹，至今还被蒲城人民竞相传颂。

◎故事感悟

王鼎一心为公，一生致力于社稷安危，最终以死相谏。这虽然是一个时代的悲剧，却是人间正义的化身。王鼎这种天下为公的精神至今仍然感动着很多人，他用生命教人们读懂了"公"的含义。

◎史海撷英

钦差大臣

钦差大臣为中国古代的官名，始置于明朝。凡是由皇帝亲自派遣，出外办理重大事情的官员，都被称为钦差。清代沿袭了这一称谓。驻外的使节也被称为钦差出使某国大臣。

◎文苑拾萃

王鼎纪念馆

王鼎纪念馆位于今陕西省蒲城县内的达仁巷54号，原址为王鼎的出生地。纪念馆的大门内置有高3.6米高的王鼎半身立姿塑像。塑像全身呈古铜色。

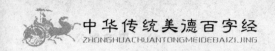
面目神态逼真，形象伟岸。在塑像身后，立有有关王鼎的碑记，是当地群众听到建纪念馆而特别捐赠的。

纪念馆的上房内陈列着有关王鼎的家谱、书信遗稿、遗物以及道光皇帝为王鼎七十寿辰所书写的寿匾"靖共笃祜"等物品，还有王鼎为本族叔母吴孺人书写的"贤孝可风"木匾以及林则涂在蒲城期间书写的匾额"观察第"、"味兰书屋"、"槐荫山房"、"慈惠激音"等诸多墨宝。

王鼎纪念馆形象生动地展示了清朝著名抗英名相王鼎一生的历史业绩。该纪念馆的建立，不仅是对王鼎的最好悼念，也为广大群众提供了爱国主义教育的重要场所。

孙中山以天下为公

◎将天下正大的道理去处置事，便公；以自家私意去
处之，便私。——朱熹

> 孙文（1866—1925年），字德明，号日新、逸仙，广东香山（今中山市）人。孙文因流亡日本时，曾有一个广为人知的化名"中山樵"，故世称"中山先生"。孙文乃近代民主革命家，中国国民党创始人，三民主义的倡导者。他首举彻底反封建的旗帜，"起共和而终帝制"。1905年他成立中国同盟会；1911年辛亥革命后被推举为中华民国临时大总统。1940年，国民政府通令全国，尊称他为"中华民国国父"。

　　孙中山幼年时期家境贫困，在辛劳苦难的童年，他亲眼看到朝廷的差役凶狠地对农民催粮逼税、村里的三家富户虐待打骂奴婢……这是为什么？不合理的封建制度和封建传统习俗使他那幼小的心灵萌发出愤慨和不平。

　　太平天国运动失败不久，香山市翠亨村里有一位曾经跟随洪秀全打过清军的老兵，名叫冯爽观，他很喜欢孙中山，经常讲太平天国的故事给孙中山听。当时8岁的孙中山听到金田起义、定都天京、天王殉难等革命逸闻后，无限景仰太平天国的先烈们，革命的种子，从这以后便在孙中山的心里深深埋下了。

　　1886年，孙中山进入广州博济医校就读，后来又转到西医书院。在这里，孙中山自由地发表自己的政治见解。毕业后，他先后到澳门、广州等地开业行医。孙中山医术精湛，不久便成为当地知名的良医。借行医为掩护，孙中山也结识了一批爱国青年志士，共同探索救国救民的道路，并开始了挽救民族危亡的政治活动。

1894年11月，资产阶级革命团体兴中会经孙中山组织，在美国檀香山正式成立，入会的誓词明确提出："驱除鞑虏，恢复中华，创立合众政府。"这也是中国资产阶级革命的第一个纲领的雏形。

1895年，兴中会发动的起义失败，孙中山成了被通缉的流亡者。1905年，孙中山倡议将分散的团体重新统一起来，同年8月，在日本东京成立了同盟会，并提出了"民族、民权、民生"三大主义，成为后期辛亥革命的指导思想。这在当时的中国也是最先进的政治思想了，它直接推动了中国旧民主主义革命的发展。

孙中山为建立资产阶级共和国，经过一生不懈的努力，终于推翻了在中国存在两千多年的封建制度，立下了不朽的功勋。

1911年，中华民国建立后，孙中山被选为临时大总统。1912年1月1日，在南京建立临时政府，他正式宣誓就职。

地位虽然变了，但孙中山仍然甘当人民的公仆，力主"天下为公"。他是艰苦朴素的表率，廉洁奉公的楷模。他的衣食住行，一点也不搞特殊化。他把总统府设在旧两江总督衙门。他的办公室是普通平房。负责总务的同志要给他添置一张沙发，他坚决拒绝，严肃地说："革命尚未成功，我们仍需艰苦朴素！"总务没有办法，只好给他置一把藤椅。当时政府官员，除食宿由临时政府供给以外，每人每月只发给军用券30元，孙中山先生也不例外。

当时，曾有人推荐孙中山的大哥孙眉出任广东省都督，孙中山知道后坚决反对。他说："祁黄羊内举不避亲，外举不避仇。因兄不胜都督之职，恐贻国民之大事，误我革命之前程。"他又面见大哥，劝慰说："大哥忠于国民革命，毫不吝惜钱财，多次资助国家革命军，弟铭记于心，革命党人亦不会忘记！兄无出任都督之才略，万望不要出任！"孙眉点头称是。

革命的道路是曲折的，辛亥革命的成果被北洋军阀袁世凯篡夺。在内外压力下，孙中山不得不让步，仅仅干了三个月，就辞去了临时大总统职务。在艰难的处境中，孙中山表示，只要此身尚存，此心不变，决心"再举革命"。

1920年11月，孙中山在广州重组护法军政府，并于1921年5月就任非常大总统。就在他准备挥师北伐之际，新军阀陈炯明突然叛变，炮轰总统府。

　　孙中山冲出叛军包围后，登上军舰，率领海军和部分陆军部队，向陈炯明叛军反击。孙中山自己所乘的永丰舰走在战斗的最前列。

　　叛军得到帝国主义的帮助，用鱼雷、大炮向孙中山的座舰猛攻，形势十分危急。根据各舰舰长会议的决定，孙中山只得暂时离开广东。孙中山临行前，对部下将士说："只要我的呼吸一刻没有停止，依然要坚持革命，决不放松。建立民主国家的责任，仍然在我们大家的肩上，切不可轻易抛弃，辜负了我们当初的志愿！"

　　孙中山回到上海，有好几千名代表冒着暴风雪到码头上欢迎他。孙中山发表宣言，报告陈炯明叛变的经过。他严正地指出："凡是忠于民国的，就是我们的朋友；不忠于民国的，就是我们的敌人。大义所在，定用全力来奋斗。不顾危难，不怕暴力，一定要完成中华民国的建设，使全国人民都蒙受福利！"

　　为什么一次次斗争，结果却一次次失败？一系列问题不断困扰着孙中山。他苦苦地思索着，陷入了彷徨苦闷之中。在绝望中，孙中山受到了俄国十月革命的启发，在中国共产党的帮助下开始了他一生中最光荣的新阶段。

　　1923年初，孙中山发表了《中国国民党宣言》和《孙文越飞宣言》，决定实行联俄、联共、扶助农工三大政策，改组中国国民党成为革命各阶级的联盟。在1924年1月于广州召开的由孙中山亲自领导的有共产党人参加的国民党第一次全国代表大会上，孙中山接受共产党人的建议，对三民主义（即民族、民权、民生三个问题的原则和纲领）重新作了解释，旧三民主义从此发展为新三民主义。新三民主义包含联俄、联共、扶助农工的三大政策和反对帝国主义、反对封建主义的纲领，是第一次国内革命战争时期中国共产党同国民党合作的政治基础。

　　多年颠沛流离的艰苦生活使孙中山积劳成疾，他身患肝癌，于1925年3月12日在北京逝世。临终前，他仍念念不忘地嘱咐着："和平、奋斗、救中国……"还发出"革命尚未成功，同志仍需努力"的号召，激励人们要继续革命。

　　孙中山的一生留下的个人财产只有三样，一是生前的衣物，二是2000多

本书籍，三是旅居加拿大的华侨为他集资购买的一所住宅。

伟大的革命先驱孙中山不愧为"天下为公"的楷模。在南京紫金山的中山陵园，立着中山陵墓，陵墓正门上镌刻着孙中山手书的"天下为公"。这四个大字，也正是孙中山先生一生的真实写照。

◎故事感悟

孙中山先生是中国新民主主义的开创者，他所提倡的"天下为公"在那个时代是不可能办到的，但是他为此却付出了一生的努力。他不愧为新民主主义的领导者和先驱者。

◎史海撷英

中国同盟会的建立

1905年7月，孙中山在日本东京倡导筹备成立中国同盟会。8月20日，在东京赤坂区头山满提供的民宅二楼，中国革命同盟会正式成立。后来为了避免日本政府的反对，中国革命同盟会改名为中国同盟会。在会上，孙中山被推举为总理，黄兴等任庶务。同盟会除制定了《军政府宣言》《中国同盟会总章》和《革命方略》等文件外，还决定在国内外建立支部和分会，并积极联络华侨、会党和新军等，成为全国性的革命组织。

◎文苑拾萃

民报

民报为中国同盟会的机关报。1905年（光绪三十一年）11月26日，民报在日本东京创刊。民报的前身是《20世纪之支那》，最初为月刊，但由于经常脱期，最后改为不定期刊出。

民报的主编先后有张继、章太炎、陶成章、汪精卫等人，经常撰稿的有朱执信、廖仲恺、陈天华、宋教仁、黄侃等人。报纸设图画、社论、时评、译丛、谈丛、小说、纪事、说林、来稿等多个栏目，以宣传同盟会的民族、民权、民生三大主义为宗旨，积极传播西方的资产阶级社会政治学说，为资产阶级革命派的主要舆论阵地。民报与资产阶级改良派的刊物《新民丛报》等进行论战，鼓吹武装夺取政权和共和制度，反对改良和立宪，促进了民主革命思想的传播，扩大了同盟会的政治影响。

1908年10月，民报在出版第24号时，日本政府以其"激扬暗杀"为由将其封禁。1910年1月，民报复刊，共出26期。前5期主编是胡汉民，6至24期主编是章太炎，后两期主编则是汪精卫。孙中山为民报撰写的《发刊词》，首次提出了三民主义的主张，要求把民主革命的思想"灌输于人心，而化为常识"。

民报除在日本发行外，大部分都被秘密运销于中国。创刊号重印6次，累计达6000份，以后各期的最高发行量更是高达1.7万份。

林觉民为天下人谋永福

◎公则四通八达，私则偏向一隅。——《薛瑄全集》

林觉民（1887—1911年），字意洞，号抖飞，又号天外生，汉族，福建闽侯人，黄花岗七十二烈士之一。

林觉民8岁时丧母，由叔父抚养。林觉民从小聪颖好学，自幼饱读诗书。1900年，他进入福建高等学堂念书，接触到西方自由平等的社会政治学说和新颖奇巧的自然科学知识，眼界为之大开，思想趋于激进。19岁那年，林觉民遵父命与陈意映结婚。陈意映是一位美丽贤慧又颇有见地的女子，对林觉民体贴入微，林觉民也非常爱她。第二年，他们生一男孩，取名依新，小家庭生活更充满乐趣。

林觉民非常爱自己的妻儿，但他没有因为留恋小家庭的幸福温暖而放弃革命的理想。20世纪初期的中国，在帝国主义、封建主义的压榨下，深陷民族危难之中，人民过着颠沛流离的生活。林觉民在与同学们谈论国家形势、民族前途时总是忧心忡忡。

婚后一年，他远涉重洋去日本留学。久有革命之志的林觉民，到日本后便加入革命组织中国同盟会。1905—1910年同盟会在国内多次发动起义，均失败，许多革命同志英勇牺牲。林觉民得知后，表示"吾辈既以壮士自许，当仗剑而死"。1911年，林觉民这位血气方刚的壮士压抑不住为祖国献身的强烈愿望，勇猛地冲上了民主革命的火线。广州起义前三天，他非常激动，多少年来讴歌革命、向往革命，当革命风暴即将来临的时候，不由得思绪万千，热泪如珠。林觉民在桌面上铺展一块洁净的手帕，挥笔写了一封脍炙人口、历久犹新的《与妻书》，他写道："亦以天下人为念，当亦乐牺牲吾身与汝身之福利，为天下人谋永福也……"

1911年4月27日，广州起义爆发，林觉民率领百余名福州志士挺进广州城。林觉民臂缠白巾，手执武器，像一只出山的猛虎、搏击的雄鹰迅猛地攻进了总督署。两广总督张鸣歧狼狈逃窜。经过彻夜战斗，革命党人寡不敌众，林觉民力尽弹绝，受伤被俘。在敌人提审时，他毫无惧色，正气磅礴地宣称："献身为国，革除暴政，建立共和，能使将来国家富强……吾死瞑目矣。"

第二年，年仅25岁的林觉民被一伙凶神恶煞的刽子手簇拥着，昂首挺胸，从容地走上刑场……黄花岗上的青松翠柏在微风中轻轻摇曳，似乎也正为捐躯报国、引颈就戮的烈士感伤和哀泣。

◎故事感悟

林觉民用他高尚的爱国主义理想与真挚的革命志士感情谱写出了一首不朽史诗，他那感人至深的绝笔书，为千秋后世留下了值得传诵的宝贵精神财富。

◎史海撷英

保路运动

保路运动又称铁路风潮。1910年，英、法、德、美四国银行团逼迫满清政府签订了借款修路合同。1911年5月9日，清廷在邮传大臣盛宣怀的策动下，宣布了"铁路国有"的政策，并将已归商办的川汉、粤汉铁路收归国有。当时，四川修筑铁路的股金不仅来自绅士、商人、地主，还有广大的劳动人民，而且农民购买的股份占有很大比例。因此当清政府颁布"铁路国有"的政策后，因拒不归还四川的股金，结果导致四川各阶层，尤其是广大城乡劳动人民的反对，从而掀起了轰轰烈烈的保路运动。

声势浩大的保路运动沉重地打击了帝国主义及其走狗满清王朝在中国的统治

地位，极大地鼓舞了资产阶级革命党人的斗志，直接导致了辛亥革命的总爆发，为中国资产阶级民主革命的进行立下了不朽的功绩。

◎文苑拾萃

黄花岗七十二烈士陵园

黄花岗烈士陵园位于今广州市区北面的白云山南麓。陵园始建于1912年，孙中山书"浩气长存"四个大字镌于墓坊。烈士墓构筑在岗陵之上，纪功坊峙立墓后。整个墓园占地约3万平方米，园内苍松翠柏长青，繁花并茂。园内还建有黄花亭、四方池、石桥等建筑。

此外，烈士陵园内还有冯如（中国第一个飞机设计师）墓、潘达微墓等。新中国成立后，人民政府十分重视陵园的建设，并筑起围墙，加强整治保护。1961年，黄花岗烈士陵园被国务院第一批列为全国重点文物保护单位。1981年和1986年，政府两次拨款修缮，使陵园浩气重现。1986年，该陵园又被评为"羊城新八景"之一。

大公无私的典范雷锋

◎一轨九洲，同风天下。——《春秋·公羊传》

> 雷锋（1940—1962年），湖南省望城县人，伟大的共产主义战士，中国人民解放军全心全意为人民服务的楷模。

1963年3月5日，毛泽东主席曾向全国人民发出号召："向雷锋同志学习。"

雷锋的名字，不仅在全国家喻户晓，而且在国外也有许许多多人知道他、崇敬他。

1940年，雷锋出生在湖南省长沙县的一个贫苦农民家中。在他5岁那年，父亲被日本鬼子毒打后死去。不久，母亲在地主压迫、侮辱下也含恨自尽了，从此雷锋成了孤儿。同乡的亲友们收留了他。

解放后，雷锋在工农业战线上成为先进生产者、标兵、模范共青团员。

1960年1月，雷锋入伍当了人民解放军，从此，雷锋处处以一名共产主义战士要求自己，在部队里勤学苦练，努力学习马列主义毛泽东思想。他时刻想着集体，关心他人。他艰苦朴素、热爱人民、助人为乐的高贵品质成为人们学习的楷模。

为了给国家节约开支，他常常将旧手套洗干净再用，而不去领新的。连队发夏装，每人两套，而他却只领一套。他出车运水泥，将漏撒的都扫起来，最后竟有一千多公斤上交给国家。他入党后，每月领的几元钱津贴除交党费之外，其余的都存起来。袜子破了一补再补，舍不得买双新袜子；漱口杯坏了，也舍不得买一只新的。可是他却将积存的200元钱赠给了望花区和平人民

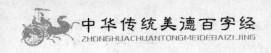
公社，支援国家建设。辽阳闹水灾，他又寄去了100元钱。

有人说："雷锋真傻！没家没业，何必苦熬自己，对自己那么小气，不值！"雷锋笑了笑说："话不能这么讲，我要做一个有利于人民，有利于国家的人。如果说这就是'傻子'，那我甘愿做这样的'傻子'。"

星期日是许多人盼望的。到了这一天，大家可以好好休息休息，或者处理一些个人的事儿，可雷锋的星期天却大部分是在伙房里或帮助别人做事中度过的。有一次，星期日一大早，他肚子隐隐作痛，一想到明天还要出车，总这样疼下去可不行，于是他捂着肚子去卫生连看病。

从卫生连回来的路上，雷锋看到一个建筑工地上劳动场面热火朝天，听到大喇叭里广播说："运砖的同志加油！砖快供不上了！"雷锋被工人同志建设祖国的热情感动了，他也为供不上砖着急起来。他忘了自己的病痛，跑进工地，抓起一辆小车干了起来。他装得多，跑得快，衣服很快就被汗水湿透了。他的热心和干劲引起了所有人的注意。女广播员跑到雷锋面前问："同志，你是哪个单位的？叫什么名字，我要写篇稿来表扬表扬你。"雷锋笑着说："不用表扬，我是附近部队的。"

人们都说："雷锋出差一千里，好事做了一火车。"

1961年4月的一天，雷锋乘火车去旅顺。这天，火车上人特别多，服务员忙得不可开交。雷锋想，自己是共产党员，应该处处想到别人，于是，他帮助列车员维持秩序，送水、扫地，乘客们一片赞扬声。

还有一次，雷锋到丹东去出差，在沈阳车站换车的时候，检票口有一群人围着一个妇女，那妇女说自己的车票丢了。

雷锋上前问："大嫂，怎么回事？"

那大嫂急得满头大汗，说："我从山东老家来，到吉林去看丈夫，不小心把车票丢了。补票，可我又，又没钱……"

雷锋看到那大嫂眼泪汪汪的，就安慰说："老大嫂，来，跟我走。"

雷锋把大嫂带到售票处，用自己的津贴费补了一张车票，塞到大嫂手中，说："快上车吧，大嫂！"

那大嫂感动得流着泪说："同志，你叫什么名字？哪个部队的？我永远会记住你的名字的……"

雷锋扶大嫂上了车，说："我叫解放军，住在中国。"

1962年8月15日雷锋因公牺牲，年仅22岁。

雷锋在日记中有一段非常有名的话：人的生命是有限的，可是为人民服务是无限的，我要把有限的生命，投入到无限的为人民服务之中去。

雷锋自觉地把个人的前途命运与国家、民族，与社会主义的前途紧紧地联系在一起，处处以国家和人民的利益为重，这正是我们中华民族自古以来的爱国主义优良传统美德在雷锋身上的体现和全新的升华。

◎故事感悟

雷锋这个光辉的名字和他崇高的精神品格在历史发展中始终散发着光辉。人们越来越认识到雷锋精神的价值，也更加珍惜这笔宝贵的精神财富，努力在实践中学习并使之发扬光大。雷锋这种天下为公的信念值得后人学习和继承。

◎史海撷英

学雷锋纪念日

1962年8月15日，雷锋同志因公牺牲。1963年3月5日，毛泽东主席等中央领导人题词，并发出"向雷锋同志学习"的伟大号召。此后每年的3月5日便成为"学雷锋纪念日"。从此，人们高声唱着"学习雷锋好榜样"的歌曲做着好人好事，这一活动也影响了几代人。在广泛开展学习雷锋活动中，全国、全军各部队和全国各条战线上，都涌现出了大批雷锋式的英雄模范人物，雷锋精神也培育着一代又一代新人不断成长。

◎文苑拾萃

雷锋诗歌

雷锋

困难不可怕。

应该怎样对待困难?

是战斗!

困难只能欺侮那些不能吃苦的人,

困难害怕吃苦耐劳的战士;

困难只能欺侮那些胆小鬼,

困难害怕顽强进攻的战士;

困难只能欺侮懒汉,

困难害怕认真学习的人;

困难只能欺侮那些脱离群众的人,

困难害怕团结一致的伟大集体!

公·天下为公

第二篇

有权不谋私

生不义不若死

◎公私不可不明，法禁不可不审。——《韩非子》

楚成王（约公元前682—前626年），熊氏，名恽，又名頵，楚文王次子，郢（今宜城楚皇城，一说今江陵纪南城）人，春秋时楚国君（公元前671—前626年）。公元前672年，熊恽依靠随国（今随州市西北）支持，杀死其兄堵敖，夺得君位。即位后尽力结好中原诸侯，同时借周惠王之命，镇压夷越，大力开拓江南。公元前655年以来，他先后灭贰、谷、绞、弦、黄、英、蒋、道、柏、房、轸、夔等国。公元前638年，楚成王派兵救郑，与宋军战于泓水，射伤意欲称霸的宋襄公，击败宋军，楚国军威大振。晚年他欲废太子商臣另立太子，被商臣派兵包围了王宫，被迫上吊而死。死前问谥号，回答是"灵"，即死后将被称为楚灵王，他不满意；于是又回答是"成"，才肯自杀，被谥为楚成王。

斗子文是春秋楚成王的令尹，也是楚国的最高行政长官。

有一次，斗子文的族人犯了法，执掌刑律的官员廷理就把他拘捕了。但一听说犯人是子文的族人，马上又将之释放了。

子文得知这消息后，立即召见了廷理，责备他说："国家设立廷理这一官职，是为了查处违反王命和触犯国法的人。一个正直的执法官，在审理案件时，态度应该温和，但事实不能歪曲；意志应该坚定，但判断不能武断。现在你不顾国法，违背王命，释放了犯法的人，就是判断事理不公正，内心存有不公的私念。你作为一个廷理，为什么还要违反法律呢？我处于高位，统率着百姓，老百姓有怨言，我尚且不能使他们免于法律的制裁，现在，我的族人犯了法，而你因为要讨我喜欢而释放他，这就让全国的百姓看到了我的私心。掌握一国大权的令尹，却以存有私心而著称，与其让我活着而不讲道义，还不如让我去死好了。"于是，就把族人送交了廷理，并且说："如果不依法审判，我就去死。"廷理害怕极了，就依法判处了他的族人。

楚国的人知道了这件事，奔走相告，欣喜地说："像子文这样公正的人当令尹，我们还有什么可忧虑的呢？"

◎故事感悟

斗子文不以私情害公法，他的大公无私的精神是十分可贵的。读到古人的感人事例，不能不使今人产生无尽的联想和钦敬。

◎史海撷英

楚成王与齐争霸

公元前645年（楚成王二十七年），楚成王认为徐国（今江苏泗洪南）亲齐及中原诸国，遂兴兵讨伐。齐桓公闻讯后，立即与宋、鲁、陈、卫、郑、许、曹等国在牡丘（今山东聊城东北，当时属齐地）建立盟约，决定救援徐国。各国国君"次于匡（今河南睢县西）以待之"，由鲁大夫孟穆伯率领各国军队前往救徐。《谷梁》中说："次，止也，有畏也。"可见，当时各国的国君都是被迫前来抗楚救徐的，自己并不敢亲临前线。正面抗楚不利，同年的夏天，各国军队又攻打了楚之与国厉（今湖北随州东北），企图抄袭楚国的后方，以解除徐国的围困。同年的冬天，宋国乘曹军远出，袭击曹国，于是楚国乘机大举进攻，将徐国在娄林（今安徽泗县东北）打败。当时，齐桓公以八国之众不敌长驱直入之一楚，足见楚成王的大胆果断，齐桓公已经不能再与之匹敌了。同年，齐国丞相管仲去世。此后的两年，齐桓公虽然也曾伐厉伐英，以"报娄林之役"，企图挽回在淮泗地区的败势，但都已无济于事。公元前643年（楚成王二十九年），齐桓公去世，齐国霸势转衰。

楚成王与齐桓公的争霸战历时十余年，最终楚国取得了辉煌的成果。楚国胜

利的原因除了客观上因管仲先死、齐桓公力竭，齐国已力不从心、明显地走下坡路外，主要则是楚成王、斗子文能够审时度势，谨慎谋划、奋发进取的结果。楚、齐争雄的历程也充分显示了楚国后来居上、蓬勃发展的历史趋势。

◎文苑拾萃

编磬

编磬为古代的一种乐器，是用石或玉制作的，16面为一组。编磬的音色除了黄钟、大吕、太簇、夹钟、姑洗、仲吕、蕤宾、林钟、夷则、南吕、无射、应钟等十二正津外，还有四个半音。在演奏打击时，编磬可以发出不同音响。因此，编磬是可以演奏旋津的打击乐器，通常用于宫廷雅乐或盛大祭典。

20世纪70年代以来，我国先后在湖北的江陵和随县出土了大型的编磬。湖北江陵纪南故城曾是古代春秋战国时期楚国的国都，1970年，考古人员在这里发掘出一套25枚的编磬。该编磬的磬体用青色石灰石制成，上部为倨句形，下为微弧形，表面都有比较清晰的彩绘花纹和略显凹凸的花纹。其中4枚编磬上还绘有凤鸟图，图的色彩高雅，线条流畅。

宋璟处处显公正

◎大道之行，天下为公。——《礼记》

> 宋璟（663—737年），字广平，今河北邢台市南和县阎里乡宋台人。其祖于北魏、北齐皆为名宦。宋璟少年博学多才，擅长文学；弱冠中进士，官历上党尉、凤阁舍人、御史台中丞、吏部侍郎、吏部尚书、刑部尚书等职；唐开元十七年（公元729年）拜尚书右丞相。授府仪同三司，进爵广平郡开国公，经武、中宗、睿宗、殇帝、玄宗五帝，在任共52年。宋璟毕生为振兴大唐励精图治，终于与姚崇同心协力，把一个充满内忧外患的唐朝改变为各个方面处于世界领先地位的大唐帝国，史称"开元盛世"。

宋璟曾在武则天称帝时担任监察御史、凤阁舍人，在唐睿宗李旦景云二年（711年）和唐玄宗李隆基开元四年（716年）两次为相。由于他为政清廉、刚正不阿，又精于吏治，后人将他和房玄龄、杜如晦、姚崇相提并论，一起被称为"唐代四大名相"。

宋璟长期分管吏部。他任用官吏一向坚持"德才兼备"的原则。当时，候选官员众多，其中不少人都托请朝官为自己疏通说项。有一位名叫宋元超的候官也找到吏部，说他是宋璟的叔父，希望吏部给予关照。宋璟得知此情，立即给吏部写了一封信，说："元超确是我的三叔，但一直生活在洛阳，我们很少见面，我不能不认他，但不能因私害公。如果他不声明我们之间的关系，你们还可以按规定依序筛选，但是现在他已经公开了我们的亲情，打着我的旗号招摇，再安排他的升迁就不合适了。矫枉必须过正，对他暂不安排为宜。"吏部反复研读他的信，最后只好照他的指示办事。

宋璟"立性公直，执心贞国"，为整顿吏治，即使对皇帝的宠臣他也公事公办。

中宗时期，外戚和诸公主干预朝政，吏治腐败，贪污成风。不少巨商富贾通过他们的关系求得皇帝的墨敕，不经中书、门下审核批准，便当上了官，时人称为"斜封官"。这些斜封官根本不懂理政，只懂得如何盘剥百姓。宋璟为整肃吏治，毅然和姚崇联合上疏，彻底罢免了斜封官。随后，宋璟又从整顿制度入手，革除弊端，拒绝请托，公平取士，恢复了选官的严正。

唐玄宗登基不久，曾特降墨敕提升岐山县令王仁琛为五品官。宋璟感到莫名其妙，一了解，方知王仁琛原是后族，又是玄宗称帝之前的藩邸故吏。他认为不妥，立即上疏阻止，说："故旧恩私，则有大例，除官资历，非无公道。"还说王仁琛在非常情况下虽然立过功，但已获得了应有的赏赐。如果再受特殊恩赐就不合适了。他请求由吏部考核，照制度办事。玄宗认为言之有理，便收回成命。

唐玄宗的宠臣太常卿姜皎是玄宗为藩王时的故旧，在诛杀玄宗的政敌太平公主时也立过大功。玄宗为表示对他的宠遇，不但重用他，还将他的弟弟姜晦封为吏部侍郎。宋璟认为，凭德才两方面的条件，姜皎、姜晦都不胜任，于是上疏道："皎兄弟权宠太盛，非所以安之。"玄宗也听从了他的意见，将姜皎改任为散官，放回田园；将姜晦改任为没有实权的宗正卿。

宋璟在全力选拔任用清官廉吏的同时，还十分注重对良臣的保护。

中宗时，京兆直臣韦月将上书揭发武三思潜通韦皇后，秽乱内宫，必有逆乱。武三思恼羞成怒，遂暗中指使有司奏劾韦月将大逆不道。中宗闻报，大怒，下令将韦月将斩首。当敕令下到宋璟手里，他不但没有即时转发，反而奏请中宗调查此案。中宗气急败坏地质问他："朕已经说了要杀他，你还请示什么呢？"宋璟毫不畏惧，仍坚持调查清楚再定夺。中宗大怒，进而下令将韦月将立刻斩首。宋璟仍不屈从，大声对中宗说：如果陛下一定要斩韦月将，那么就请您先把我杀掉！不然，臣还是不会奉诏的！"中宗见此，才渐渐消了气，将韦月将的死刑改为了杖刑，并将他发配到岭南。

唐玄宗时，有一次玄宗巡幸东都，路过崤谷（今河南陕县），由于山高路窄，难以行走，玄宗十分恼火，便对河南尹李朝隐和负责旅途事务的知顿使王怡大发雷霆，并要罢免他们的官，处以斩刑。宋璟又及时进谏道："陛下方事巡幸，今以此罪二臣，臣恐将来民受其弊。"玄宗听罢，遂免去两人死罪。

在宋璟73岁那年，基于自己体弱多病，主动请求辞职休养，两年后与世长辞。死后，皇帝赠其太尉，谥曰文贞。

鉴于宋璟的一贯表现，《开元天宝遗事》一书中说："宋璟爱民恤物，朝野归美，时咸谓璟为有脚阳春，言所至之处，如阳春煦物也。"而《资治通鉴》的作者司马光对他的评价是："璟为相，务在择人，随材授任使百官各称其职；刑赏无私，敢犯颜直谏。上甚敬惮之，虽不合意，亦曲。"

◎故事感悟

宋璟任人唯贤，秉公办事，敢于弹劾贪官污吏，其官场生涯写满了正义与公平，他的事迹也流传千古，为后人所称道。后人要学习他廉洁奉公的精神。

◎史海撷英

监察御史

监察御史是一种官名。该官职始设于隋开皇二年（582年），朝廷改检校御史为监察御史。唐代时期，御史台分为三院，其中监察御史属察院，品秩不高但权限很广。宋元明清时期都延续了这一职位。明清时期，曾废除御史台而设立都察院，通常弹劾与建言，并设有都御史、副都御史、监察御史。其中，监察御史分道负责，因而分别冠以某某道地名，但品级仅在正八品下，没有出入朝堂正门的资格，只能由侧门进出，非奏事不得至殿廷。这一官职至开元初才取消限制。但由于内外官吏均受其监察，权限也相当广，故而颇为百官忌惮。

唐代时期，监察御史设为15人。宋代时减为6人，分察六部百司，品级为从七品。元代延续了宋代的设置，但员额很多，除内台的32员外，还有江南行台的28员、陕西行台的20员等。明代时，改御史台为都察院，以都御史、副都御史

为主官，所属监察御史分道负责，各冠以地方名称，各道人数不等，总数110人，均为正七品官。清代与明代的制度相同，乾隆时曾将监察御史提高为从五品官。

◎文苑拾萃

奉和圣制送张说巡边

（唐）宋璟

帝道薄存兵，王师尚有征。

是关司马法，爰命总戎行。

画阃崇威信，分麾盛宠荣。

聚观方结辙，出祖遂倾城。

圣酒江河润，天词象纬明。

德风边草偃，胜气朔云平。

宰国推良器，为军挹壮声。

至和常得体，不战即亡精。

以智泉宁竭，其徐海自清。

迟还庙堂坐，赠别故人情。

李昉秉政不济私

◎夫去私者，所以立公道也；惟公然后可以正天下也。——傅玄《傅子·问政》

李昉（925—996年），字明远，深州饶阳（今河北饶阳县）五公村人，宋代著名学者。李昉系后汉乾祐年间（948年）进士，官至右拾遗、集贤殿修撰；后周时任集贤殿直学士、翰林学士；宋初为中书舍人；宋太宗时任参知政事中，平章事。雍熙元年（984年）加中书侍郎。李昉曾奉皇帝命撰《太平御览》、《文苑英华》、《太平广记》等书，著有文集50卷。死后谥正文。

李昉任中书侍郎时，有求他提拔任用的人，虽然他知道此人德才称职，但也很严肃地予以拒绝，时过不久，此人果然被提拔任用。有的人李昉认为德才不足，不能提拔任用，却和颜悦色，用一番温和言词进行安慰。李昉的子弟们了解这种情况就问他为什么要这样做。李昉说："提拔任用有德有才的人居官任职是天子的事，我若接受人家的请求，这是一种假公济私的施恩行为，所以严词拒绝他，让他感激天子；对于那些不能够被提拔任用的人，他本人已深感失望，若再不用好言好语安慰他，便会由此招来他的怨恨啊！"

李昉为人温和宽厚，善于谅解别人，不念旧恶，身居高位却小心谨慎，缄默寡言，没有炙手可热的声势。李昉写文章推崇白居易，特别重视明白晓畅、深入浅出。他好接纳宾客，江南平定后，归从宋朝的南唐士大夫中大多愿与他交往。李昉一向很器重张洎而有些瞧不起张佖。后来李昉罢相，张洎在草拟皇帝圣旨时对李昉作了多方的批评攻击，而张佖则每逢初一、十五日一定到李府拜望李昉。有人问张佖说："李公对待你一向不好，为什么还要经

常过府拜望他呢？"张忯说："我任廷尉的日子里，李公正掌大权，可他不曾因私事求过我一次，这就是我敬重他的原因。"

◎故事感悟

李昉秉公理政，不卖人情，也不以权谋私，不但受到同代的人敬重，也为后人作出了榜样。

◎史海撷英

李昉与宋代类书

所谓类书，就是采撷群书，辑录各门类或某一门类的资料，随类相从而加以编排，以便于寻检、征引的一种工具书。公元983年12月（太平兴国八年）完成的《太平御览》，就属于类书。

《太平御览》原名为《太平总类》，是一部收录了1690种图书、分55个门类、5000余个细目、共1000卷的大型工具书。由于宋太宗曾命史馆"日进三卷"供他阅读，所以赐书名为《太平御览》。李昉给这部书作的序，序为："此书备天地万物之理，政教法度之源，理乱废兴之由，道德性命之奥。"太宗看后很高兴，赞赏道："自我朝之编纂，永垂后世。"

◎文苑拾萃

李昉诗二首

赠贾黄中

七岁神童古所难，贾家门户有衣冠。

千人科第排头上，五部经书诵舌端。

见榜不知名字贵，登筵未识管弦欢。

从今稳上青云去，万里谁能测羽翰。

禁林春值

疏帘摇曳日辉辉，直阁深严半掩扉。

一院有花春昼永，八方无事诏书稀。

树头百啭莺莺语，梁上新来燕燕飞。

岂合此身居此地，妨贤尸禄自非知。

"伏虎侍郎"张廷玉

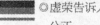

◎虚荣告诉人们什么是荣誉；良心告诉人们什么是
公正。——名言

> 张廷玉（1672—1755年），字衡臣，号研斋，安徽桐城人。张廷玉是清朝保和殿
> 大学士、军机大臣、太保，封三等伯，历三朝元老，居官50年。曾先后编撰《康熙字
> 典》、《雍正实录》。

康熙皇帝晚年时期，官场内部尔虞我诈，很多人都利用自己手中的职权营私舞弊，胡作非为。而当时的吏部为六部之首，掌管着全国官吏的任免、考核和升降，权力极大，在此为官者更是索贿受贿成风。此时，张廷玉正担任吏部左侍郎后，他首先表示要"绝苞苴，杜请托"，自己以身作则，同时也严格要求属吏。

当时，吏部有一位书吏张某，凭借朝中有人，在写内外官的考核评语和升迁意见时从不实事求是，而是全凭个人好恶。有关资料就此记载道："中外官屡受其毒，人呼张老虎。"对"张老虎"的卑劣行径，许多人都是敢怒而不敢言。

为整顿吏风，张廷玉刚上任便决定从这个"张老虎"入手。不久，张廷玉就抓住了"张老虎"的把柄，决定对其从严惩处。消息传出后，"张老虎"在朝廷内的后台纷纷出动，有的亲自找张廷玉说情，有的派人向张廷玉施压。面对错综复杂的关系网，不少好心人也都劝告张廷玉手下留情，网开一面，而张廷玉却毫不动摇，依旧软硬不吃，最终令"张老虎"伏了法。

张廷玉的杀一儆百立刻产生了明显效果：过去横行霸道的大小官吏无不夹

起尾巴，再也不敢明目张胆地欺上压下了。一些正直的人都对张廷玉由衷地敬佩，并称他为"伏虎侍郎"。

◎故事感悟

　　张廷玉以朝廷安危为己任，敢于同邪恶势力作斗争，能在错综复杂的关系中保持冷静，弘扬正义。身为朝廷命官，他能够以身作则，率先垂范，值得后人学习。

◎史海撷英

学士

　　学士为古代的一种官名。在南北朝以后，以学士为文学撰述之官。到了唐代，翰林学士也本为文学侍从之臣，但因为经常接近皇帝，所以也往往参与机要。宋代时始设专职，其地位职掌与唐代相似。到了明代，则设翰林院学士及翰林院侍读、侍讲学士，学士也专为词臣之荣衔。清代时期，改翰林院学士为掌院学士，清末期内阁、典礼院也设置了学士的职位。

◎文苑拾萃

赐大学士张廷玉

（清）乾隆

喉舌专司历有年，两朝望重志愈坚，

魏公令德光闾里，山甫柔嘉耀简编。

调鼎念常周庶务，劳谦事每效前贤。

古今政绩如悬鉴，时为苍生咨惠鲜。

鄂尔泰拒王举弟

◎力量来自公正。——名人名言

雍正帝（1678—1735年），姓爱新觉罗，名胤禛，满族，康熙帝第四子，于康熙三十七年（1698年）被封为贝勒，四十八年（1709年）晋封雍亲王。康熙六十一年（1722年）十一月十三日爱新觉罗·胤禛继位，次年改年号雍正。在胤禛即位后，他在政治上采取多种措施以巩固自己的皇位。首先是消除异己，其次，在经济上采取了一些旨在发展农业生产的措施。雍正十三年卒。谥宪皇帝。

鄂尔泰字毅庵，满洲镶蓝旗人。据史载，他出身贫寒。因为没有房子住，全家只好在祠堂里过夜。但他的父亲颇有远见，想尽一切办法供孩子念书，期盼他们长大后改换门庭。

经过10年苦读，鄂尔泰果然金榜题名，并于康熙五十五年（1716年）被授任内务府员外郎。此后，又先后升为江苏布政使、广西巡抚、云贵总督、保和殿大学士兼兵部尚书、军机大臣等，成了清廷重臣。

鄂尔泰担任内务府员外郎时，雍正皇帝胤禛还是雍亲王，住在现在的雍和宫，时称雍亲王府。

有一次，雍亲王得知清王朝的附属国向朝廷进献了许多奇珍异宝，便想通过鄂尔泰求得内务府的特殊关照，送来一些陈列于雍亲王府中。万万没有料到的是，鄂尔泰不但没答应，反而正色地对他说："作为皇子，你更应分外注意自己的德行，为天下作出表率，万不可随意结交外臣，享受特权。若是其他皇子也都和你一样找我们领取珠宝之类，那我们做下官的又该如何掌握？

若朝廷怪罪下来，又该由谁来承担责任呢？"雍亲王听罢，只好空手而归。

6年后，康熙驾崩，雍亲王即位，即雍正帝。雍正帝不但没有忌恨求宝被拒之事，还很赞赏鄂尔泰的奉公品质，对他备加信用。

鄂尔泰自做官以来，从不忘少年时代受过的千辛万苦，不忘贫苦百姓维持生计的艰难，一直保持着俭朴的作风，决不骄奢妄为。但是，他的弟弟鄂尔奇却与他相反：经不住灯红酒绿的引诱，渐渐蜕化变质，奢靡之举也越来越甚。

也许出于"爱屋及乌"，雍正帝随着对鄂尔泰的宠信日加，鄂尔奇的官职也迅速升迁。待鄂尔泰在西南"改土归流"初见成效时，雍正帝已决定升任鄂尔奇为吏部尚书兼步兵统领。

鄂尔泰获悉此情，深感不安，立即面君劝阻，"力争不可"。雍正帝却不以为然，仍坚持已见。鄂尔泰无奈，也只好顺从。不过，鄂尔泰并没有就此作罢，而是加紧了对胞弟的监督和管教。

有一次，鄂尔泰退朝之后，路经鄂尔奇的家，便想了解一下弟弟的情况。当他刚走进庭院，便感到这里豪华过度，心中很不安；待掀帘进入书斋，更见各种摆设极为考究，在座的宾客也穿戴异常。他十分生气，掉头就走。鄂尔奇见兄长连句话都没说就匆匆而去，急忙追上前问其缘故。鄂尔泰怒不可遏，竟当着众人的面训斥道："你这儿也太奢侈了！你身居正卿，不想着如何为朝廷尽忠效力，却只图个人享乐，哪能对得起列祖列宗？"又说："你可记得当年我们无屋可住，只得夜宿祠堂，而今你刚刚得志就如此奢侈，若不速改，日后必生灾祸！"

鄂尔奇听罢，赶忙下跪，佯装悔过，并表示把不属于自己的东西退还户部。

过了几日，鄂尔泰到户部查访，特地问起了鄂尔奇退物之事。户部官员面面相觑，都说没有这回事。鄂尔泰这才知道弟弟并没有听从自己的劝诫，一怒之下，向皇上参了他一本。雍正帝命人核查，结果发现鄂尔奇贪赃枉法，便将他治了罪。

◎故事感悟

鄂尔泰奉公自律，敢于拒绝权贵，又出于公心检举弟弟的不法行为，确实是一代公而忘私的楷模。

◎史海撷英

《布连斯奇条约》

《布连斯奇条约》是中俄两国于1727年（清朝雍正五年）订立的关于划分中俄中段边界的条约（现在大部分已成为俄蒙边界），是《布连斯奇界约》和《恰克图条约》的合称。

该条约规定，中俄中段边界是以恰克图和鄂尔怀图之间的第一个鄂博为起点，由此向东至额尔古纳河，向西至沙毕纳依岭（即沙宾达巴哈）为界，以北归俄国，以南归中国。除此之外，该条约还包括通商、遣返逃犯、宗教、外交等多方面内容。

《布连斯奇条约》基本是一个平等条约，它有效地遏制了俄国对我外蒙北疆的侵略，维护了中国北疆的稳定。

◎文苑拾萃

雍和宫

雍和宫位于北京市区，现在在市中心二环以内。史料记载，清康熙三十三年（1694年），康熙皇帝在此建造府邸，并赐予四子雍亲王，称为雍亲王府。雍正三年（1725年），改王府为行宫，称为雍和宫。

雍正十三年（1735年），雍正驾崩，曾在此停放灵柩，所以雍和宫主要殿堂原绿色琉璃瓦便改为黄色琉璃瓦。又因为乾隆皇帝在这里诞生，所以雍和宫出了两位皇帝，成了"潜福地"，因而殿宇又为黄瓦红墙，与紫禁城皇宫的规格一样。

乾隆九年（1744年），雍和宫又改为喇嘛庙，特派总理事务王大臣管理该宫的事务。可以这样说，雍和宫是全国规格最高的一座佛教寺院。1983年，雍和宫被国务院确定为汉族地区佛教全国重点寺院。

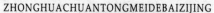

ZHONGHUACHUANTONGMEIDEBAIZIJING

中华传统美德百字经

公·天下为公

第三篇

天下为公是正道

不爱钱财爱公道

◎穷不失义，达不离道。——孔丘

> 杨继宗（生卒年不详），字承芳，山西阳城县人，明朝清官中的杰出代表，居官于天顺（1457—1464年）、成化（1465—1487年）、弘治（1488—1505年）三朝。杨继宗虽仅官至按察使，但却名著青史，成为后世敬仰的一代名臣。

杨继宗，明英宗天顺初年（1457年）考中进士，被授予刑部主事之职。他性格刚直廉洁，为人孤傲独立。

在明宪宗成化初年（1465年），杨继宗升任嘉兴知府。上任时他不带家眷，只有一个老家人相随，因而官府的书房里很清静冷落，而他也把心思放在处理政务上。在任期内，他经常召集当地父老询问民间疾苦，尽力为百姓办些好事。他还大力兴办学堂，发布命令说：百姓子弟8岁还不入学者，就"处罚他们的父兄"。他对学校的师长很尊重，遇到学官都以宾客之礼相待。于是老师们竞相劝学，嘉兴府的文化教育很快发展起来。

有一次，御史孔儒奉命来嘉兴府，乡里父老不堪其骚扰，口有怨言，竟多被打死。死者家属纷纷到府里来告状，杨继宗不畏权势，贴出告示说：谁家有人被御史打死，到府衙"报名"，御史孔儒听到后很恼怒。杨继宗去参见御史说："治理国家有一定的规矩。大人的职责是蓟除恶人，纠正弊端，奖励廉吏，惩罚贪官。至于挨家挨户进行考核盘查，那是地方官吏的事，不是御史的职责。"

孔儒无法反驳，心里却更恨他了。孔儒一直想整治一下杨继宗，出出这口恶气，但抓不住他的把柄，便在即将离开嘉兴府时以告辞为名突然闯入杨继宗衙门后院的卧室，想查看一下他有无受贿的财物。但打开杨继宗的箱子一看，里面却只有几套破旧衣服。这是他万万没有想到的。他想到自己是以小人之心度君子之腹，便羞愧地离去了。

当时一些太监常到江浙采办和监造宫廷用物，常路过嘉兴，借机敲诈勒索。杨继宗在接待他们时，只送一些当地出产的菱角和历书。有一次一个宦官提出要钱时，杨继宗便发出公文从府库取出银两来，对那个太监说："金钱在此，请把朝廷调用嘉兴官金的指令拿出来。"太监一听吓得说不出话来，哪敢再要钱。

杨继宗抵制勒索的事在宦官中传开了。有一次，他进京述职，汪直去拜访他，他不愿见。明宪宗问汪直："来京朝觐的官员中谁廉洁？"汪直回答说："天下不爱钱的人，只有杨继宗一个人。"

杨继宗任嘉兴知府九年，任满后被破格提升为浙江按察使。刚到任，杨继宗看到一份关于十个仓官由于库中粮食短缺被关押的案卷；之后又了解到这些人中有的竟至卖了儿女偿还这笔缺粮。杨继宗想宽免他们，但苦于找不出理由。

有一天，是发放月俸粮的时候，仓官给他送来了月俸粮。杨继宗让人找来升斗量一下，却发现比应得的数量多。他立即命令把府里其他官员的月俸粮也全部量一遍，结果发现也都比应得之数多，他才明白了官仓缺粮的原因原来在这儿。他准备把这个案件的真象如实向上奏明，众官吏听到这消息后十分害怕，纷纷来向他请求，表示愿意捐出各自多占的俸粮以偿还粮库的缺粮数。这样才使那十位受冤屈的仓官获得释放。

◎故事感悟

杨继宗是明代四大清官之一。他将百姓的冤情视为自己的事，竭尽全力为百姓谋福祉，一身正气，不因高官而屈膝，不以民卑而欺人，秉公办事。杨继宗，一个以公正廉明著称的人，注定被后人垂青。

◎史海撷英

按察使

按察使是一种官名。唐朝初年，仿效汉代刺史制而设立了按察使，其职务主要负责赴各道巡察，考核吏治。

唐睿宗景云二年（711年），分别设置了十道按察使，按察使成为常设官员，分别考核各地的吏治。唐玄宗开元二十年（732年），按察使改称为采访使，乾元元年（758年）又改为观察处置使。按察使实为各州刺史的上级，权力仅次于节度使，凡有节度使的地方，也兼带着观察处置使衔，有先斩后奏的权利。所以，事实上按察使就是各州刺史头上的"太上皇"。宋代时期，转运使初也兼领提刑，后乃别设提点刑狱，为后世按察使的前身，与唐代的观察使性质有别。金承安四年（1199年），改提刑使为按察使，主管一路的司法刑狱和官吏考核。元代时，又改称肃政廉访使。明初复用原名，为各省提刑按察使司的长官，主管一省的司法，又设有按察分司，分道巡察。元代中叶后，各地多设有巡抚，按察使便成为巡抚的属官。清代时期，也曾设立了按察使，隶属于各省总督、巡抚，为正三品官，清末改称为提法使，简称臬司。

以天下为己任的苏绰

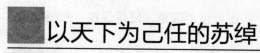

◎天下兴亡，匹夫有责。——顾炎武

> 苏绰（498—546年），字令绰、京兆武功（今陕西武功西）人，西魏任卫将军、大行台度支尚书、领著作兼司农卿、右光禄大夫。苏绰从政以来力主革新，提出减官员、设二长、置屯田，并起草了著名的六条诏书。这些举措利国利民，影响重大。

苏绰，南北朝时期西魏大臣。他少年好学，博览群书，尤其擅长算术。他的堂兄苏让新任汾州刺史，西魏丞相宇文泰在京都长安城外为他饯行。临别之时，宇文泰问苏让："您家子弟中，谁可以任用？"苏让当即推荐了苏绰。于是宇文泰就召见苏绰，任命他为行台郎中。

任职一年多，宇文泰对他并没有什么太深的了解，然而各位同僚遇到什么疑难之事，却往往都先征询苏绰的意见，然后再做决定；起草的公文，也往往由苏绰加以整理，使之更合乎规定的格式。官署中人人都称赞他有才能。

一天，宇文泰和仆射周惠达讨论国事。宇文泰提出一个问题，周惠达回答不出来，于是就请求到外面去和别人商量。周惠达召来苏绰，将宇文泰提出的问题告诉他，苏绰立刻就替他考虑好答案并书写成章。周惠达马上进去呈献给宇文泰，宇文泰看了之后，连连称赞，就问周惠达："是谁替您出的主意？"周惠达说是苏绰，并且称赞苏绰有王佐的才能。宇文泰听到苏绰这个名字，想了一想，似乎觉得有所耳闻，就说："苏绰是个有才能的人，我好久以前也听说过。"不久，就任命苏绰为著作佐郎。

当时，西魏政权刚刚建立（535年），执掌实权的宇文泰想要强国富民，就需制定一系列改革措施，这使得苏绰有了施展才能的机会。宇文泰命令有关部门斟酌古今，制定了24条新制。苏绰制定了新的文案程式，规定下级呈上的公文用墨笔书写，上级的批文用红笔，这样各方面的意见及应负的责任一目了然。他还对户籍、计账的办法也进行了改革，使得课税、服役都有了明确的规定，以防止横征暴敛。

西魏大统三年（537年），东魏丞相高欢率领三路大军进攻西魏，各位将领都想分兵抵御，只有苏绰同意宇文泰集中兵力在小关袭击窦泰部队的方案。结果小关战役大获全胜，将东魏的将士全部俘虏，并将窦泰杀死，传首长安。最后高欢只得退兵。过了一年，苏绰被封为美阳县伯，并加官卫将军、右光禄大夫、通直散骑常侍。

西魏大统七年（541年）九月，宇文泰有改革时政的意向，苏绰赞成并协助他完成：减少官员以节约国家财政开支，设置二长（里长、党长）以维持地方秩序，并且设置屯田以资助军队和国家。苏绰又帮助宇文泰起草了六条诏书，奏请西魏文帝元宝炬施行。六条诏书的主要内容为：先修心，敦教化，尽地利，擢贤良，恤狱讼，均赋役。

苏绰起草的这六条诏书，体现了他德治、仁政、选贤、富民等政治思想。这六条中非常关键的部分，是要求各级官员必须思想清纯、品行端正、爱民恤民、廉洁执政、公平执法。这对清除当时朝廷及地方官员的贪污腐败行为起了积极作用。执掌大权的宇文泰对此高度重视，常常把六条诏书的文本放在座位的右边，以便时时温习。宇文泰还命令官员们学习背诵，并规定不精通这六条和计账的人不得做官。

西魏大统十年（544年），苏绰被授予大行台度支尚书之职，领著作郎，兼司农卿。

自晋末以来，人们争相撰写文笔浮华的文章，由此形成一种社会风气。宇文泰想革除这种弊病，趁着西魏文帝元宝炬祭祀祖庙，各位大臣都来参加的时机，让苏绰作《大诰》，并且奏请文帝推行。这种文体受到了文帝的肯定。从此以后，西魏官方的文笔都依照这种文体，使得六朝以来浮华的文风得到一定程度的抑制。

　　苏绰生性勤俭、朴素，从不经营私家产业。他认为海内尚未平定，因此常常敦促自己"以天下为己任"。而且他也用这种思想教育后代，形成了俭朴清廉的家风。他的儿子苏威也和他一样，史书记载在隋朝担任重要官职的苏威"行己清俭，以廉慎见称"。

　　苏绰一生广求贤良俊杰之才，共同弘扬治国的正道，凡是他举荐的人，都做了高官，成为国家的栋梁之才。因此宇文泰对他也推心置腹，无所不谈，非常信任。有时宇文泰到外面出游，常常给苏绰留下一些自己签了字的空白公文纸，如果朝廷中需要处理急事，只要苏绰在上面签署意见，就可执行。苏绰常常谈论治理国家的道理，他认为当政者应当爱护百姓如同慈父，训导百姓如同严师。每每和公卿议论国事，夜以继日，通宵达旦。无论大事小事，他都了如指掌，亲自操持，终于积劳成疾。西魏大统十二年（546年），还在岗位上为国操劳的苏绰，英年早逝，当时年仅49岁。

　　宇文泰对苏绰的去世深感痛惜，忍不住痛哭流涕，哭声惊动了周围的大臣们，大家也无不随之唏嘘。到下葬时，宇文泰对各位公卿说："苏尚书平生谦虚忍让，敦尚俭约，我想成全他的志向，又担心不明情况的人们产生误解，认为我不体恤功臣。如果对他进行厚葬并赠谥美名，又违背平素我与他相知的道理。这真让我进退维谷，不知如何是好了。"

　　看到宇文泰这样为难，尚书令史麻瑶非常着急，于是就越过站立在朝堂上的诸位大臣，走上前去，对宇文泰说："古代的晏婴是齐国的贤大夫，一件裘皮大衣穿了几十年。到他去世的时候，齐侯只派了一辆车送葬。之所以这样做，是因为齐侯不愿意违背晏婴平生崇尚节俭的志向。既然苏绰操行清白，谦虚挹让，我认为葬礼应当俭约，以便彰显他的美德。"宇文泰称赞他说的有道理，于是决定只派一辆布幔车给苏绰送葬，并亲自率领群臣为他送行。

　　苏绰走了，但是他把呕心沥血起草的诏书、大诰，还有《佛性论》、《七经论》等著作留给了后世。由于他功名盖世，下葬那一天，宇文泰亲自为他撰写了祭文，并且用最隆重的祭礼——太牢（供品用牛羊猪三牲）进行了祭祀。北周明帝宇文毓二年（558年）又将苏绰的牌位供奉在宇文泰的神庙中，并且批准由他的儿子苏威继承他的爵位。

◎故事感悟

倘若一位大臣的去世足以令朝野震动，令文武百官们哀悼，便说明去世之人是深得人心并且是当之无愧的楷模。苏绰的"公"大到文书起草，小到日常生活琐屑，他都身体力行，为国为民鞠躬尽瘁，他的事迹一直受到后人的传扬。

◎史海撷英

府兵制度

府兵制度是中国古代著名军事制度之一。该制度由西魏大统于十六年（550年）宇文泰创立。府兵分编为二十四军，由六柱国分领。六柱国下设十二大将军、二十四开府，每开府统一军。府兵于民户之外另编户籍，由各级将领统领。

北周武帝时期，府兵军士归中央直接统率，改称"侍官"。隋朝初期，定府兵军府名称为骠骑府，以骠骑将军和车骑将军为骠骑府的正副主官。隋大业三年（607年），骠骑、车骑府改称为鹰扬府，以鹰扬郎将和鹰击郎将为正副长官。府兵军被称为军士，分别由中央十二卫统领。府兵户籍也改归为州、县。唐朝初期，曾一度恢复骠骑、车骑府等旧称，但不久又改为折冲府，以折冲都尉为统领官。天宝八年（749年），折冲府无兵可交，府兵制实际也名存实亡了。

◎文苑拾萃

宇文泰陵墓

宇文泰陵墓位于今陕西省富平县宫里乡宫里小学院内。整个陵冢高约12米，周长为142.8米。陵冢上植有松柏杂树，郁郁葱葱。冢前有清代毕沅立的石碑一通，至今保存完好。另外，还有北宋开宝六年（973年）所立的"大宋新修后太祖文皇帝庙碑"残石。1992年，陕西省人民政府将宇文泰陵墓列为省级文物重点保护单位。

邝野为社稷生灵言

◎无论风多大，决不动摇。——名人名言

> 邝野（1385—1450年），字孟质，湖南省宜章县城南乡新田村邝家门自然村人。邝野26岁中进士，28岁授监察御史，33岁授任陕西按察副使，正统元年（1436年）任英宗皇帝兵部右侍郎，正统十年任英宗皇帝兵部尚书。正统十四年（1450年），发生"土木堡"之变，明英宗被俘，邝野为护御驾，战死于河北省怀来县土木堡。

邝野，明永乐九年进士，授监察御史，明英宗正统十年任兵部尚书。

当时，瓦剌也先的势力已经很强盛。邝野提出加强防备的主张，要求增兵大同，派大臣巡视西北防务，没能被采纳。

正统十四年，也先来犯，把持大权的宦官王振挟持英宗亲征，他不与朝臣们商议，便下诏亲征。邝野马上上书说："也先入犯，及时派一边将就可制止，陛下要为宗庙社稷着想，为什么这样不慎重？"英宗不听。邝野和几十名大臣护驾出关，一再要求英宗不要冒险。王振大怒，强令邝野与户部尚书王佐一起随大营前进。邝野慌忙中从马上摔下，几乎丧命，人们劝他留在怀来城医治，他说："皇上还在大营中，我怎么敢离营呢？"大队人马到达宣府，前方传来边将朱勇败没的消息，邝野请求英宗赶快入关，派重兵在后面防守，但意见没人理睬，他又亲自前往英宗驾前谏言，王振更加恼怒，骂道："腐儒安知兵事，再说就把你们杀了！"邝野说："我是为国家和百姓来说话的，你有什么可怕的！"王振对这位义正辞严的老人不敢下手，就让左右士兵把他拉了出去。

邝野和王佐苦谏不听，在帐中急得相对痛哭。第二天，明军战败，邝野死难，年65岁。

◎故事感悟

邝野用他最敏锐的洞察力以及他的公忠之心尽到了一个臣子应尽的责任，这种天下为公的精神感动着后人，也提醒着后人如何做事。

◎史海撷英

邝野政绩二三事

明成祖时期，有人上奏称南京的金融制度被一些豪民所破坏，明成祖便派邝野前往查访。大家都认为，邝野会大兴牢狱捕获人犯，但邝野却只是抓了几个豪民就回来了。他上奏明成祖道："南京百姓听到皇帝的命令后都非常震惊害怕，金融制度很快就畅通了。"南京金融制度被破坏一事就这样得到了整治。

倭寇进犯辽东后，有一百多个戍守海防的人失职，按照明朝的法律规定都应该被处死。朝廷下令让邝野追究查办，邝野向朝廷陈说了这些人的值得同情之处，明成祖为此宽恕了这些人。

在营造北京城时，由于服劳役的有数万人，朝廷又命邝野监查管理。邝野令那些生病的劳工大多都保住了性命。

◎文苑拾萃

邝野墓

邝野墓位于湖南省宜章县城西郊的玉溪河畔箭岗岭。墓体比通常的墓葬要大三四倍，宽约3米，长约5米，平地高出约1.5米，占地面积约1000平方米。墓碑距墓体前约为50米，为石碑，高约2.5米，宽约1.2米，厚约0.2米。原碑刻为兵部尚书王直所撰写，现存的墓碑是清同治二年宜章知县麻维绪所立的。墓碑左右各5米的地方为一对石马；从墓碑到墓体段的10米处，左右分别立有一对石虎、一对石羊和一对文武官石人。邝野墓的后面，为邝野夫人的墓地。

陶成章四近家门而不入

◎为社会服务是很受人赞赏的道德理想。——格言

> 陶成章（1878—1912年），字焕卿，曾用名汉思、起东、志革、巽言、陶耳山人、会稽山人等，绍兴会稽陶堰西上塘人。陶成章少年时就接触新学，阅读爱国思想书籍，萌发了革命思想。中日甲午战争爆发，陶成章即下从戎之心。义和团运动爆发，陶成章曾两次赴京拟刺杀慈禧未果，后一直致力于光复会的大小事务。民国元年（1912年）一月他因病疗养于上海法租界广慈医院，被陈其美派蒋介石设计暗杀于上海。

辛亥革命前期，除了孙中山领导的兴中会，当时还有一个反清的资产阶级革命团体叫光复会。陶成章就是光复会的领袖之一。他满腔热情地从事革命活动，不辞劳苦，为革命到处奔波。

1903年冬天，陶成章同一位名叫魏兰的同志到了杭州。那天是农历腊月二十六日，眼看就要过春节了。常言说："每逢佳节倍思亲"，离家在外的人，年底都要赶回家里过春节，和亲人团聚。陶成章的家在绍兴，离杭州很近，坐上小船用不了多少时间就能回家了。再说，陶成章一直在江苏和浙江一带活动，已经好久没有回家了。他曾经三次到了家门口，但都没有进去。魏兰想到这一点，禁不住劝陶成章说："过几天就要过春节了，这儿离你家又很近，你还是回去一趟吧。"

陶成章笑笑说："按说过年了，应该回去看看家里人，可是我想还是不回去为好。"

"为什么？"魏兰诧异地问。

"情字难却呀。回到家，亲人一见面，难免舍不得离去，会误大事的。"

魏兰说："我们冒着生命危险干革命，亲人们跟着担惊受怕，回去一趟对他们也是一个安慰。"

这番话，说得陶成章心情很激动。他想起三年前，慈禧太后卖国求荣，勾结八国联军镇压了义和团起义，同帝国主义国家签订了卖国的《辛丑条约》。自己一怒之下离家北上，要去刺杀慈禧太后，但先后两次都没有成功。后来，他忍饥挨饿走了整整七天七夜，回到家中的时候已经饿昏了。家里人见他面容憔悴，脚上磨起了血泡，都心疼得哭了。

想到这儿，陶成章感到一阵辛酸，眼中饱含着泪水，但是他毅然决然地对魏兰说："我已经投身革命，就要把整个心献给这个事业，哪能顾自己的家庭呢？"

陶成章最终也没有回家过年，而是利用这个时间去探望关在监狱里的同志。

◎故事感悟

陶成章一直在为国家的前进、民族的振兴而奋斗，四近家门而不入。为了革命，为了人民，他舍弃了与家人相聚的时间。他的这种以天下为公的精神确实令人感佩。

◎史海撷英

光复会的灭亡

1904年初，陶成章参加了蔡元培组织的中国教育会。同年10月，龚宝铨与蔡元培、章太炎等人在上海发起组织光复会，蔡元培为会长，龚约陶入会，会务及联络各省会党的工作实均由陶成章负责。

1912年陶成章去世后，光复会开始公开反对孙中山和黄兴，章太炎也与孙中山决裂。不久后，章太炎正式宣布与孙中山领导的同盟会脱离关系。当时，同盟会内部的干部骄功跋扈，争权夺利，引起社会各界的不满。上海的《新闻报》

主笔金煦生为此还写了一篇时评，时评中有"空手而来，满志而去"一句，批评同盟会要人借辛亥革命升官发财。

光复会的李燮和去职后，光复军也随之解散，许雪秋率领的汕头民军孤立粤东，成了光复会的最后一支武装。同盟会对光复会大下杀手，1912年5月，广东都督胡汉民将许部缴械。不久后，许雪秋即被枪杀。栋梁摧折，大厦倾覆，光复会就此灭亡。

◎文苑拾萃

陶成章故居

陶成章故居位于浙江省绍兴县陶堰镇陶堰村西上塘，为近代民主革命活动家陶成章出生地和居住地。故居坐北朝南，整体为砖木结构建筑，三开间两进，第一进平屋，第二进座楼。其中，座楼曾经遭到火毁，1916年又用陶成章的抚恤金重建。东侧还有四间平屋，陶成章生前曾以南首的第一间作为书房。如今，故居内依然布置着陶成章的生平事迹陈列，并按原状陈列。

王盛荣千里运黄金

◎天下为公，是谓大同。——康有为

> 王盛荣（1907—2006年），湖北武汉人，1926年参加革命，同年加入中国共产党，1931年任共产主义少年先锋队总队长，1931年11月任中华苏维埃共和国中央革命军事委员会委员。王盛荣参加了长征，在中央纵队干部团工作，遵义会议后任红军总政治部青年部副部长、部长、团中央武装工作部部长，1937年任八路军武汉办事处高级参谋、中组部地方科长，1945年出席党的"七大"，1947年任齐齐哈尔市委副书记，1950年任中南工业部副部长，1957年任湖北省冶金厅副厅长（享受副省级待遇）。离休后享受正省级待遇。

第一次国内革命战争失败以后，中国共产党领导的工农武装深入农村，创建革命根据地。到第三次反围剿斗争胜利的时候，赣南、闽西两块根据地已经连成一片，形成拥有21座县城，面积5万平方公里，居民达250万人的中央革命根据地。与此同时，其他革命根据地也有了很大发展。

革命根据地为了支援在国民党统治区坚持斗争的地下党组织开展工作，常常派人送去活动经费。在第三次反围剿斗争胜利后，1931年冬，中央根据地筹集了上千两黄金，决定派王盛荣带领一个便衣小分队，经香港把黄金运往上海，交给地下党组织。

王盛荣从小就参加了革命，他曾经在莫斯科中山大学学习过革命理论，归国后分配到中央根据地工作。虽然他完成过许多艰巨的革命任务，但像千里运送黄金这样的工作还是第一次遇到。因此，他觉得万钧压肩，责任重大。

　　王盛荣和他的队员出发之前，苏维埃中央政府的董必武同志反复交待："给上海地下党送的这些黄金，有的是通过战斗从敌人手中夺过来的；有的是在打土豪过程中筹集的。尽管现在根据地也十分困难，但我们宁可自己再艰苦些，也不能让地下党的工作受影响。"

　　董必武同志还说："你们这次运送黄金一定要遵守纪律，公私分明。无论发生什么情况，也要确保黄金的安全。要排除各种困难，分毫不少地把黄金交给上海的地下党。"

　　一天拂晓，王盛荣和他的队员把黄灿灿的金条打包密封，经过巧妙的伪装后车推肩挑，他们还带着手枪、手榴弹之类的轻武器，离开苏维埃中央政府所在地江西瑞金，踏着霜华厚重的土地出发了。

　　王盛荣带领的这支便衣小分队走出中央根据地的边境之后，为了躲避敌人的追捕，一路晓行夜宿，有时走上乡间偏僻小径，有时走进人烟稠密的都市。他们小心翼翼地迂回前进。几个月过去了，临行前上级发给的路费用完了。怎么办？有人提议在这种特殊的情况下挪用一点准备送给上海地下党的黄金。但是王盛荣坚决反对，他说："我们一定要遵守纪律，绝对不能挪用送给上海地下党的黄金。现在路费用完了，我们就沿途打工解决吃饭问题，一定要克服各种困难来保证黄金的安全。"

　　于是，王盛荣带领的便衣小分队一边赶路，一边打工，有时在城里当搬运工，有时在农村帮助农民盖房、插秧，把微薄的收入当做路费，省吃俭用地继续赶路。

　　当这支便衣小分队到达灯红酒绿的香港时，有人提议应该拿出点黄金来，让大家去饭馆里美美地吃一餐。但王盛荣仍然回答说："我们要遵守纪律，给上海地下党的黄金分毫也不能动。"

　　就这样，王盛荣带领的便衣小分队硬是靠着沿途打工糊口，把上千两黄金分毫不少地从瑞金运到上海。当他们把黄金交到指定地点时，地下党的同志望着王盛荣和他的队员个个衣裳褴褛，脸颊深陷，都感动地落下了眼泪。

◎故事感悟

王盛荣公私分明，坚守纪律，在极其困苦的情况下，咬紧牙关，克服困难，坚决完成党交给的任务，充分体现了一个革命者坚贞不移的信念和严守军纪、勇于向前的崇高品德。

◎文苑拾萃

中国人民革命军事博物馆

中国人民革命军事博物馆位于今北京天安门西面的长安街延长线上。该博物馆筹建于1958年，是向国庆10周年献礼的首都十大建筑之一。1959年3月12日，经中共中央军事委员会批准，博物馆正式定名为中国人民革命军事博物馆。1960年，博物馆正式对外开放。

军事博物馆是中国唯一的一所大型综合性军事历史博物馆，占地面积约8万多平方米，建筑面积为6万多平方米。博物馆的主楼高为94.7米，中央7层，两侧4层。全馆共有22个陈列厅和2个陈列广场。陈列厅高大、宏伟、宽敞、明亮，就其规模而言，可谓为国内外少有。如今，它的周围已经建起了中华世纪坛、西客站等建筑物，将它衬托得更加雄伟壮丽。

李大钊为革命舍爱女

◎公道达而私门塞矣，公义明而私事息矣。——《荀子》

李大钊（1889—1927年），字守常，河北省乐亭县人。1907年李大钊考入天津北洋法政专门学校学习政治经济；1913年冬东渡日本，考入东京早稻田大学政治本科学习；1916年回国积极参与正在兴起的新文化运动。1920年3月，李大钊在北京大学发起组织马克思学说研究会。同年10月，在李大钊发起下，北京共产主义小组建立。在中国共产党成立后，李大钊代表党中央指导北方的工作。在党的二大、三大和四大，他都当选为中央委员。1927年4月6日，奉系军阀张作霖勾结帝国主义，闯进苏联大使馆驻地，逮捕了李大钊等80余人。4月28日，李大钊第一个走上绞架，从容就义，时年38岁。

李大钊是我国最早的马克思主义者，中国共产党的主要创始人之一。他为共产主义运动英勇战斗，不仅奉献了自己的全部身心，也奉献了自己的爱女。

1924年春天，李大钊的小女儿钟华3岁，她聪明伶俐，天真烂漫，很讨人喜欢。每当李大钊回家，首先是小钟华发现，扑到爸爸的怀里，高兴地喊："爹爹回来了！"李大钊把小女儿举得高高的，亲亲她那红扑扑的小脸蛋，他最疼爱小女儿。

然而不幸的事情发生了。这一天，小钟华病得很厉害，连续几天高烧。李大钊忙于工作，很少过问孩子的事情。李夫人几次请医生治疗，连续服药也不见好转。一天夜里，小钟华病情开始恶化，脸烧得通红，不睁眼，一直昏睡。李夫人心里十分焦急，流着眼泪守在钟华身边不知如何是好。

在李家的雨子妈急忙去找李大钊。她走到南屋书房门口，见里面许多人在开会。雨子妈知道李大钊的脾气，只要他在工作，家里有什么大事也放不下。雨子妈想到小钟华病得很厉害，李夫人急得直哭，她鼓起勇气，推门进去说："钟华病得很厉害，她妈急得一点办法也没有，想和你商量商量。"李大钊说："我们这里正忙，你告诉她妈，开完会我就回去。"

谁知这天夜里会开到十一点多钟才散。会刚开完，他匆忙赶到女儿身边，看她病成那个样子，心疼地摸着小女儿连声叫着："小钟，小钟，睁开眼看看爹！"小钟华毫无反应，好像什么也没听见。他急忙返回南屋书房，想找同志们一起想想急救的办法。多数同志已经回去了，屋里只剩下两个女青年因为对门有便衣特务盯梢，大家一起走容易被特务发觉，晚走了一会儿。李大钊声音颤抖地说："小钟华病得很厉害，已经昏迷了，这么晚了，到哪里去请医生呢？"

其中一个女青年急忙说："我认识一个女学生，我去请她准会来。"说完便跑了出去。

过了不长时间，医生请来了，她给小钟华仔细、认真地检查，确诊是患了肺炎。医生毫无信心地说："孩子的病治晚了，恐怕没有希望了。"

第二天，小钟华便停止了呼吸。

李大钊是不轻易流泪的，爱女小钟华的死给了他沉重的打击，这次他流了泪，并亲自收殓了她。后来李大钊为死去的小钟华写了一首长诗作为永远的悼念。

◎故事感悟

在革命与爱女之间抉择，李大钊选择了前者。李大钊以天下苍生为己任，一生致力于为百姓谋幸福，却唯独没有考虑过自己。他这种以天下为公的精神至今感动着后人。

◎史海撷英

马克思学说研究会

马克思学说研究会成立于1920年3月31日。该会由李大钊秘密组织发起的，主要成员有邓中夏、罗章龙、刘仁静、高君宇、张国焘等人。研究会的主要活动就是搜集马克思学说的德、英、法、日各种文字的图书资料，并加以编译，组织讨论会和专题研究，主办讲演会、纪念会等。

中国共产党成立以后，马克思学说研究会逐渐成为党的外围组织，发挥着吸引群众扩大影响的作用。1921年11月17日，《北京大学日刊》刊登启示，公开宣布这个组织的成立，征求会员。后来会员发展到120余人，不仅有学生，而且有工人参加。1922年2月19日，该会组织了第一次公开讲演会，李大钊作《马克思经济学说》专题报告。后又组织过纪念马克思诞辰104周年、支援唐山煤矿工人的罢工斗争等活动。

◎文苑拾萃

南天动乱，适将去国，忆天问军中

李大钊

班生此去意何云？破碎神州日已曛。

去国徒深屈子恨，靖氛空说岳家军。

风尘河北音书断，戎马江南羽檄纷。

无限伤心劫后话，连天烽火独思君。

张澜一心为公

◎惟德动天，无远弗届。——《尚书》

张澜（1872—1955年），字表方，汉族，四川南充人（今西充县莲池乡人）。1941年张澜参加发起中国民主政团同盟（1944年改为中国民主同盟），1941年10月继黄炎培之后担任中国民主政团同盟中央执行委员会主席，任民盟中央执行委员会主席、民盟第一届中央委员会主席。

张澜老先生是著名的爱国者。他一生廉洁奉公，不谋私利。

张澜在任川北宣慰使时，应酬繁多，每次都是自己出钱，因此负债累累。离职后，无钱偿还，只得将仅有的四亩田卖了还债。

解放战争时期，中国民主同盟被国民党政府强迫解散，部分领导人转移到香港，成立了民盟临时总部。张澜在国民党特务的监视下，只身留在上海。当时他体弱多病，由于物价飞涨，生活过得极为清苦。那年冬天，上海十分寒冷，他的皮袄又被小偷窃去了，他无钱买炭取暖，严寒难耐。幸而他的一位亲戚从四川给他寄了一件棉袄，他才勉强熬过一冬。当时，他手里掌握着一批从西南军政要人那里募集来的民盟活动经费。本来他有权支配，但是他公私分明，宁肯挨饿受冻，也不挪用分厘公款，经他手按时把钱汇给香港民盟临时总部。

张澜老先生为官清正，深受人民的爱戴。1918年，他任四川省长时去北京述职。路经崇山峻岭的川陕边界，忽然前面山弯处出现一队人马，挡住去路。快到队伍跟前，只见为首的一个人高喊了一声："立正！"然后独自拱手，躬身抱拳，向前施礼。来人自称是王三春，要前来护送张澜老先生出川。

张澜老先生知道这里是强人王三春经常出没的地带，急忙下马，扶起王三春。王三春吩咐喽啰们捧出400银元献作路费。张澜老先生婉言谢绝了王三春的馈赠，同意他护送。一路上他叮咛王三春，劫富济贫千万不要伤害善良百姓。后来，红军在川陕边区建立根据地，王三春参加了革命。

张澜老先生从不以权谋私。他任中央人民政府副主席时，他的大女儿在华北革命大学毕业。女儿让父亲跟有关部门打招呼，把她分配到农科院或外事部门工作。张澜老先生教育女儿，绝不能利用父母的权力为自己开后门，叫她坚决服从组织分配。二女儿在东北学习结业，让父亲把她调回北京，也遭到张澜老先生的拒绝，后来由组织分配到鞍钢工作。毛主席赞扬张澜老先生一心为公。

◎故事感悟

在寒冬中宁肯受冻挨饿也不随意动用公费；自己的女儿面临工作调动，依然令其服从安排。张澜先生这种一心为公的高尚品格不仅使后人叹服，更值得我们学习。

◎文苑拾萃

张澜故居

张澜故居位于今四川省南充市西充县莲池乡观音堂村的张观沟。故居坐西向东，周围一片葱郁的翠竹苍柏，而张澜先生的青铜塑像则矗立在故居的入口之处。

整个故居建筑为穿斗结构，木梁青瓦，木楼篱墙，青石院坝，正对的为张氏的祖祠。祖祠的左侧是由18间青瓦房、木板楼、篱笆围成的四合院，东西边则是厢房，与南房、北房四面合围，呈封闭形。四合院内的房屋之间以石板路相通，或由小阶梯式的小路相连。据称，张澜故居曾于2004年进行了修缮，张澜先生及其祖辈生前所用的100多件学习、生活用品等，已全部购回，陈列于该故居当中。

阎建章一心为公

◎不以穷变节，不以贱易志。——桓宽

> 阎建章，河北省保定市蠡县辛兴村人，蠡县辛兴村党支部书记。

20世纪70年代的一天，河北省冀中平原上的蠡县辛兴村，120名党员一致选举村民阎建章为村党支部书记。

次日，阎建章感慨万千地来到大队部。他问老会计："村里还有多少钱？"老会计举出两只手指，说："只有2分，实际上欠银行贷款是42万。"听到这话，阎建章心里明白，这种既欠账，又没钱的日子，他将带领大家要走的是怎样艰难的一条路啊！在支委会上，在党员大会上，阎建章激动地说："共产党是从穷人堆里发展起来的，但共产党不姓穷，贫穷不是社会主义。如果我们不能带领群众富起来，那还算什么共产党员，还要共产党干什么！"

阎建章以十倍的艰辛工作着。除草灭荒、挖沟排水，他抢在前头；耕地、播种、田间管理，样样农活他都精心地安排。村头小河发了大水，他头一个跑去抢修。当村子里打井时，他在井口搭起窝棚，和大家一起吃住，一起下井。时间一天天过去了，可是群众生活依然没有太大的起色。阎建章陷入了沉思，全村6000多口人，在人均只有一亩多一点的土地上绣花，绣得再好也只能混个温饱。

后来，在一个亲戚的帮助下，阎建章从北京合成纤维厂买回了5公斤氯纶，用弹棉花的旧弦弹好，然后交给村里的几个纺线能手试纺。居然纺出了氯纶毛线。十一届三中全会给阎建章更是指明了方向。他说："改革开放是个大舞台，就看咱们能不能唱大戏。随后，他在村里开办了纺织厂。1988年又建立了大型毛线市场。经过几年的艰苦经营，这个集市已成为全国中低档毛线的集散地，为辛兴村带来了巨大的经济效益。阎建章同几百家公司、企业、科研单位建立了联系，还东渡日本，学习经营管理，引进先进的技术和设备。如今的辛兴村，已建起57家工厂，人均收入2700元。他把一个封闭、落后的穷村庄，变成一个工商发达、惠及四方的"小城市"。

辛兴村走上了富裕路，可阎建章仍然住在土改时分的土房。房间低矮昏暗，室内一铺炕，待客、吃饭都在炕上，家里摆的依然是老伴当年陪嫁的板柜和土改时分的方桌、条凳。辛兴村万元户已很平常，几十万元户也不稀罕。可阎建章每月工资仅有100元。村里男男女女不少人穿戴"新潮"服饰，但阎建章仍然是冀中农民的传统打扮——一条白毛巾裹头，一身老式布衣裤。吃的仍然是老习惯：烩饼、疙瘩汤。群众都住上新式楼房了，劝老支书搬出那间土房，可被他坚决拒绝了。

◎故事感悟

阎建章把百姓的生计视为自己的全部，设身处地地为群众谋福祉。在带领全村与贫困的斗争中，他始终站在最前线，困难面前不退缩，终于闯出了一条致富路。村民们富了，阎建章却还是老样子。他这种舍己为人，一心为公的精神令我们感动，值得学习。

◎史海撷英

蠡县的由来

史料记载，唐朝初年曾在河北设置了蠡州，盖取古蠡吾县之首字为名，原因是古时候这里曾地近瀛海，为沼甸卑湿之地，污下多虫，故称之为蠡。而古蠡吾县并不在今日的蠡县。如今的蠡县，在西汉置陆成县，东汉改博陵县，以汉桓帝的父亲蠡吾侯陵为名。北魏景明元年（500年）移到现今的蠡县治，改为博野县。唐代武德五年（622年），设置蠡州。元代时期，博野县入蠡州。明洪武八年（1375年）改名为蠡县。2000年，蠡县共辖8个镇、5个乡，分别为：蠡吾镇、留史镇、大百尺镇、辛兴镇、北郭丹镇、万安镇、桑元镇、南庄镇和北埝头乡、鲍墟乡、小陈乡、林堡乡、大曲堤乡。

◎文苑拾萃

大义灭亲

该成语出自于《左传·隐公四年》"大义灭亲，其是之谓乎"。其中，"大义"是指正义、正道；"亲"乃亲属之意。通俗地说，"大义灭亲"即为了维护正义，对犯罪的亲属不徇私情，使罪犯受到应得的惩罚。

在某种意义上讲，大义灭亲只为了诠释法律的权威，维护正义的化身。古往今来，已有无数清官为我们后人作出了榜样。从石碏秉公除孽子到天下楷模李元礼，从诸葛亮挥泪斩马谡到隋文帝重法轻子，从识渊依法斩独子到黄公略正法亲兄。在他们看来，法不容情，法律高于一切。后人在感动之余，似乎也应深度思考一下自己该怎么做。

尹伯敏有权不谋私

◎功莫美于去恶而为善，罪莫大于去善而为恶。——《新书·修政语》上

> 尹伯敏，曾任山东嘉祥县县委书记。

尹伯敏曾任中共山东省嘉祥县委书记，当时，他的弟弟一直在农村务农，后来因病早逝，留下一个嗷嗷待哺的孩子，尹伯敏便将之接到城里自己的家中抚养。

这个孩子名叫尹永平。他自幼体弱多病，尹伯敏夫妇总是把省吃俭用节约下来的钱为他多方求医调治和购买补养品，因此熟悉情况的人都说："尹伯敏对待侄儿比儿子还亲。"

但是尹伯敏对永平的要求也很严格，从小就教育他无论大事小事都要按制度的规定去办。有一天，机关给干部们发电影票，负责发票的那个同志顺手就给了永平一张。尹伯敏知道后，立即让永平退了回去。那个发票的同志说："这种小事何必那么认真？"尹伯敏却严肃地说："当领导的背后有千万双眼睛，所以一言一行都要以身作则，模范地遵守党纪国法，不能让群众戳脊梁骨。"

后来，尹永平高中毕业后没有考上大学，便想着托伯父一个后门，让他在县城里给安排个正式工作。可永平是农村户口，这怎么行呢？

于是尹伯敏耐心地开导侄儿："你在县城工作不符合政策，还是回村安心务农吧。把咱家乡建设好，不是也很好吗？"

尹永平说："你是县委书记，只要说句话，事情就办成了。"

尹伯敏说："我说句话给你安排个工作是不难，可我办了这件事别人会怎么说？群众会怎么看？我这个县委书记的权力是人民给的，只能用于民，不能用于私！"

尹伯敏还满怀深情地对侄儿说："今后你在村里建房、结婚，我都可以给你钱。你在生活上遇到什么困难，只要不违犯政策，我都可以帮忙。"

一席肺腑之言终于打通了侄儿的思想。不久，永平就高高兴兴地背着铺盖回农村老家去了。

尹永平回到农村老家后，尹伯敏为了省钱给侄儿建房，从各方面紧缩开支，有一年多的时间连肉也舍不得吃。可是有一次，永平承包的责任田因为缺少柴油不能开动抽水机，给地浇水很困难。怎么办？他想让伯父帮助买点柴油。

尹永平提了个塑料桶进城找到伯父，他不敢直说，因为伯父一直是公私分明的人，但尹伯敏已经猜到了他的来意，就说："柴油是上级按计划分配的，县城的柴油也很紧，各乡各村都闹着要柴油，你想想，如果我批个条子，哪怕是十斤八斤，还怎么要求别人不办这种事呢？我看，你还是回村多花点力气，用人工浇地吧！"

事后，尹永平虽然是提着空桶回村去了，但却受到了一次深刻的教育。

◎故事感悟

尹伯敏秉公办事，始终以人民利益为重，不以权谋私，以身作则遵守党纪国法，他的这种品德是我们应该学习的！

◎史海撷英

山东嘉祥县沿革

山东省嘉祥县地处山东省西南部，西邻巨野县，南连金乡县，东接济宁市郊区，北与梁山县以郓城新河为界，东北与汶上县隔梁济运河相望。

嘉祥县古为大野地。汉属任城巨野二县。金皇统七年（1147年）析巨野、任城二县置嘉祥县，相传鲁哀公时获麟处，故云嘉祥。现隶属济宁市。

◎文苑拾萃

嘉祥青山寺

青山寺位于山东省嘉祥县城南约8公里的青山西侧，是以惠济公庙为主体的一座古建筑群，占地面积约为6000多平方米。

惠济公庙原名为焦王祠。据旧嘉祥县志记载："武王克南，封神农之后于焦，世称焦王。"始封之焦在宏农陕县（今河南陕县），受封后移城于嘉祥青山东山脚下。现青山的东部有东、西焦城村，有古焦王城遗址。

焦王祠的始建年代已经无从考证。据元东昌教授赵衡正的《重修惠济公庙碑记》记载："庙左有汉建宁元年（168年）碑，碑毁无考，右立晋永安颂，文字剥落难辨……"宋代崇宁元年（1102年）封焦王为宁应侯；宋代宣和三年（1121年）改封为惠济公；次年，又重修建了焦王祠，改称为惠济公庙。后经明、清两代的多次重修、扩建，始具现存规模。因祠庙位于青山，故而人们习惯上都称之为青山寺。

青山寺坐东朝西，掩映在古树翠柏之中。从山下望去，在中轴线上的建筑共有6个层次，分别为：泰山行宫坊、三门、惠济公大殿、寝殿、泰山行宫、玉皇庙。在惠济公大殿的两侧，还有白玉宫、享殿、子母殿、万佛阁、关帝庙迎客厅等附属建筑。

填沟愚公甘做人民公仆

◎一个无私的人会站在百姓的角度，处处为百姓谋利益。——名人名言

张立平，山西省长治军分区干休所离休干部，学雷锋标兵。1939年参加革命，1948年入党，立了6次战功；在战斗中9次负伤，头、肩、胸、腰、腿，五处致残，享受甲级残废待遇。退休后，张立平凭借着顽强的毅力为当地百姓填平了一个深沟，时人称之为"填沟愚公"。

张立平是山西省长治军分区干休所的离休干部，服兵役时曾受过伤，被评甲级残废。可以说，凭着这些，他完全有资格享受清福，安度晚年。然而张立平却不这么想，更没有这样做。他常说："共产党人就是人民的公仆，只要一息尚存，就要像老牛一样，为人民拉车不止。"他没有居功自傲。

张立平家门口的街道上有个公厕，有人使用无人管，手纸、粪便满地，苍蝇嗡嗡，臭气冲天，于是他当了义务清洁工。当初他是人们尊重的老干部、老功臣，如今，人们只称他老师傅、老大爷。还有些势力眼的人，对他白眼相看，嗤之以鼻。他也不以为然。一天一小扫，三天一大扫。他给自己定下了这个制度，没人监督，更没有一分钱的报酬。

整整20余年，风雨无阻，始终如一。7000多个日日夜夜，他从父亲变成了爷爷。当年儿子说他傻，如今孙子也说他傻。傻老头有个倔脾气，想做的事，一定要做成。

街道旁有一条250米长、40多米宽、19米深的大沟，沟沿上仅有一条狭窄的小路，上下班行人拥挤，雨雪天，常有人跌下沟去。他下决心要填平这

条大沟。"残废老头，一人填大沟？"有人笑他自不量力。他不服气地说："愚公能移山，我张立平就不能为民填平这条沟？"就这样，春夏秋冬，披星戴月，长治市的老百姓经常看见一位60多岁的老翁，头戴草帽，手推小车，走街串巷收集垃圾、碎石，步履艰难地推往"大沟"。他几次累倒在大沟旁，几次摔得满脸是土，可他从不灰心。

日复一日，年复一年，老功臣的铁锹磨坏了20把，小车轮胎用坏了15个，5年后，他终于填平了大沟。群众称颂他是"填沟愚公"。如今这条大沟上修了柏油路，建造了农贸市场。市民们走到这里，就会想起这位"填沟愚公"。

◎故事感悟

张立平年轻时为国家出汗出力，退休后他不顾身体不便依然为群众贡献自己的微薄之力。他将毕生的精力都献给了国家和人民，他用实际行动践行了一个共产党人的优秀品德。

◎史海撷英

长治

长治古时称上党，位于山西省的东南部。早在上古时代，神农氏炎帝就曾在这里尝遍百草、驯养牲畜，发展原始农业。到了殷商时期，长治属于殷商王朝的诸侯国，史称"黎"。春秋时期又归于晋。战国时期，赵、魏、韩三家分晋，长治为韩国的别都，称上党郡。隋开皇时，又被改为潞州，后几经变更，唐代时改为河东道潞州上党县。明嘉靖八年（1529年），改称为潞安府，并置长治县，取"长治久安"之意，长治也由此得名。清朝时期，长治继旧制仍为潞安府长治县。民国初，长治改属冀宁道。民国十九年（1930年），长治又直隶省辖。1945年10月8日长治解放，1945年到1998年的50余年间，长治曾先后经历了作为山西省辖市由长治专区代管和晋东南行署隶属等多次行政区划的调整变动。

◎文苑拾萃

长治观音堂

　　长治观音堂位于山西省长治市西北郊5公里处的梁家庄，属于一座明代的建筑式庙堂。观音堂始建于明万历十年（1582年），至今仍保存较完好。长治观音堂进门后是一座小土丘，芳草凄凄，野花争放，西面有一小拱桥，两池漏水。小桥入中门，青砖铺地，一片空阔。天王殿是观音堂的前殿。称之为殿，其实早就前后辟门用做过道了。两侧设钟鼓楼，拾阶而上，登楼远眺，四野尽收眼底。天王殿的南北各有三间配殿，左右对峙，是山顶式屋顶布局严谨。后殿便是观音殿。殿门的正上方是着一块雕花的大匾，上面是明万历十一年冬兵部侍郎部钦所书"观音堂"三个鎏金大字。观音殿内自然是敬奉观音菩萨的。

ZHONGHUACHUANTONGMEIDEBAIZIJING
中华传统美德百字经

公·天下为公

第四篇

秉公之心，为国为民

徐有功断狱秉公

◎夫心贵乎公，而量贵乎大。公则视人如一，大则无物不包。——《李觏集》

　　徐有功（641—702年），名宏敏，字有功，唐河内济源青龙里人。徐有功青年时期举明经及第，历经蒲州司法参军、司刑（大理）寺丞、秋官（刑部）郎中、侍御史、司刑寺少卿等。长期在司法任上，徐有功是唐武则天时期与酷吏斗争的楷模，也是历史上罕见的一位以死守法、执正的法官、清官。《新唐史》对他有"虽十岁未见其比"之赞誉。他死后武则天追赠他为大理寺卿。唐中宗李显登位后加赠他为越州都督（一品）头衔，并特下制书表彰："节操贞敬，器怀亮直，徇古人之志业，实一代之贤良"和"卓然守法，虽死不移。无屈挠之心，有忠烈之议"。

　　永昌元年，唐高宗去世，武则天以皇后的身份临朝执政。不久后，她又"革唐命"，自称"圣神皇帝"。就是在这一复杂的政治背景下，徐有功上任至司刑寺。

　　对武则天的称帝，唐的不少旧臣和李氏宗室贵族都十分反对，有的还起兵反对武则天。比如，公元684年徐敬业就曾在扬州起兵，688年，唐宗室李冲、李贞也起兵反武等等。武则天自然深恶这些旧臣和唐宗室贵族，一次次派兵将他们镇压了下去。

　　面对严峻的政治局面，为了巩固自己的统治，武则天任用酷吏，诬构大狱，偏离法规，接连诛杀所谓不法的唐室旧臣和宗室贵族，以此来震慑潜在的敌对势力，达到她的政治目的。她要打击这些敌对势力，就必须要一批酷吏做她的帮手，所以她所选用的酷吏也是"不拘一格"的，如有名的酷吏来俊臣、周兴、薛季昶等人。有的原是斗大的字不识一筐的市井无赖，靠的就是告密状诬陷人起家的。徐有功在这种政治气候下迁司刑丞，如果他也和来俊臣、周兴等那样阿谀逢迎，与酷吏们同流合污、偏离国法，按武则天的意图审案判案，凭他的才干，高官厚禄自然是指日可待。然而徐有功不是这样的人，他义无反顾地执法守正，冒着杀身之祸，维护着法律的严肃性，制止各种冤假错案的泛滥。

例如，武则天为及时广泛地掌握"敌情"，在全国各地大设告密之处，就是在朝堂上，她也设有告密箱。凡是能告发谋反大案的人，都能给予重赏。因而，全国告讦之风大起。这年，有一个名叫冯敬同的人，他投状密告魏州贵乡县县尉颜余庆曾与去年起兵被杀的李冲通同谋反。武则天得知后，马上叫酷吏殿中侍御史来俊臣审理此案。颜余庆被逮至长安后，来俊臣马上提审，强逼颜余庆承认是李冲谋反同党，颜余庆大喊冤枉。经不住来俊臣的严刑逼供，颜余庆无奈只好认罪写了供状。从供状看，颜余庆与李冲只是一般的关系，根本与谋反联系不上。来俊臣非常知道这位圣神女皇帝需要的是什么，为了邀功，他便不择手段地使用各种刑罚对颜余庆进行逼供。颜余庆受不起皮肉之苦，最后只得在供词上写上了"与李冲通同谋反"的字样。来俊臣见颜余庆认罪了，便上奏给了武则天。

武则天看了"供词"后，便叫来俊臣将此案转交司刑寺正式判刑。司刑寺对侍御史转来的案件，以往一律都按侍御史定的判决。而这次，接颜余庆案的是新上任的司刑丞徐有功。徐有功细阅了案卷，觉得虽然颜余庆自己已承认了，但"与李冲通同谋反"的罪证不足。徐有功与颜余庆没有一点儿亲戚关系，是法律的公正、公平和无私驱动着他查明实情。他想着如何能纠正已定的冤案或缩小与法律的偏距，减轻颜的罪名。他仔细地查阅了武则天当年发的《永昌赦令》，发现"魁首"和"支党"字样，于是他在审判颜余庆案件时，便援引了《永昌赦令》判颜余庆为李冲谋反案的"支党"，流放3000里，让颜余庆免去死罪。

这一判决不仅惹恼了来俊臣，其他几位酷吏也非常不满。另一位酷吏侍御史魏元忠直接上奏武则天，请求将颜余庆按谋反魁首处斩，家口籍没。武则天准奏下敕。在封建时代，皇帝下敕的判决就是最高最终的判决，任何人只有照办。然而，徐有功凭着执著的精神，硬着头皮要向武则天强谏。第二天上朝时，徐有功第一个出班向武则天奏道："颜余庆一案请陛下再加斟酌定案。颜余庆与李冲是有一些关系，如违法替李冲收私债，又通书信，但陛下已发布的《永昌赦令》中有李冲、李贞同恶，魁首并已伏诛之说。可见李冲谋反案的魁首早已全部法办，按颜余庆的供状词分析，也只是一个漏网的支党而已。因此，根据赦令应免其死罪，改判流刑。如果赦而复罪，既不如不赦，又如何面对天下人？我圣朝决不能这般行事。"

武则天见一位身穿从六品朝服的小官竟然敢反驳她下的敕令，而且还当着文武百官的面暗喻她不按《永昌赦令》办，出尔反尔，便一脸怒气地问："照你说，那什么叫魁首？"

徐有功沉着地答道："魁是大帅，首是原谋。"

武则天又怒着问："颜余庆难道不是魁首？"

徐有功又答："若是魁首，他早应在李冲被杀时就该伏法了，赦后才发觉，可见只是个支党而矣。"

武则天的嗓子越来越粗："他为李冲征私债、买弓箭还不是魁首是什么？"

徐有功又答："征债是事实，但买弓箭与颜余庆也无关。"

武则天怒着又问："二月征债，八月通书，还能不是同谋？"

徐有功心平气和地答道："所通书信未见查获，只据口供，而口供也只承认与李冲礼节上寒暄。而且征债、通书也只能归属于支党行为，与同谋魁首怎么也划不上等号呀！"

这场朝堂的辩驳将在场的文武大臣个个吓得脸色发青，一些正直的官员也都为徐有功的前程和生命安全担忧。而徐有功却神情自若，对答如流，没有一点儿胆怯和惧怕。开始时，武则天怒不可遏，但后来她渐渐觉得这位人称"徐无杖"的司刑丞倒有一般官员所没有的勇气和见识。从她执政以来，还是第一次见到敢于与她争辩论理的官员，尤其是谋反一类的案件，她批准杀就杀，从没有人敢与她争辩过。其实，武则天是个很有政治头脑的皇帝，也很爱惜人才，这时，她的怒气慢慢地平息下来，对徐有功道："颜余庆是支党不是支党，卿再去仔细勘问，奏上来。"

　　这场朝堂君臣论理答辩，在堂的几百名文武官员似看了一场惊心动魄的刀剑争斗。然而使他们意料不到的是，最后武则天竟自己找了个台阶走下来，叫徐有功再审颜余庆是否是支党。可见徐有功已强谏获准，他们长长地为徐有功松了一口气。回朝后徐有功便再审颜余庆，以"支党"罪上奏武则天，最后获得武则天的批准。颜余庆在徐有功冒死与武后激烈的争辩中终于从死神那里夺回了他生的希望，免去死罪，改为远流，他的家人也得免为官奴。徐有功在司刑寺任职三年，在这三年间他纠正了数百件冤假错案，救活人命数千。三年任满后，徐有功被调至秋官（原称刑部），任秋官员外郎，后又升为秋官郎中（从五品），负责复核司刑寺的判决，并能参与大案的审理。徐有功到秋官不久，一天他的顶头上司周兴（也是武则天时有名的酷吏）交给他一份案卷说："此宗案是原道州刺史旧唐宗室李仁褒兄弟的谋反案，司刑寺已判为谋反罪，你拿去看一看……"徐有功接过案卷细细地看。他看后就对周兴说："兄弟俩练武比箭怎能定为叛逆谋反，这不是太冤枉人了，应该马上纠正！"周兴却冷冷地一笑："李仁褒兄弟都是旧唐李氏宗室的人，你知道圣神皇帝最恨的是谁？管他们练武也罢、比箭也罢，他们今天动刀动枪比武，明天就会带兵谋反，定他们谋反罪有什么错？不杀他们杀谁？"徐有功嚷着道："难道练武比箭能推论定谋反罪？天理何存，国法何在？难道皇帝就可以不凭事实说话？！"两人便争执起来。

　　其实周兴与来俊臣等人不同，他原是秀才出身，读过不少法律书，是一个善于"锻炼"构陷大狱的人。他以秋官侍郎的身份压制徐有功，并写成一状，尽述徐有功的诬告之词，上奏武则天，说徐有功有某种政治动机，"故出反囚李仁褒兄弟，罪当不赦"。并说："汉法，附下罔上者斩，面欺者亦斩。古经上有言：析言破律者杀。徐有功有意祖护谋反之贼，正合死罪，请陛下将徐有功下狱查审。"

　　武则天对徐有功有欣赏的一面——他忠心守法护法而且很有才干；但她又有讨厌他的一面——他常出来与她争辩，阻碍她除尽敌对势力。她对徐有功的态度处在这二者的交叉之间。听周兴说要杀他，但她当时还没有这个打算，于是便下诏："禁止逮捕审讯徐有功，罢免他的官职，削职为民。"徐有功这次与武则天连当面争辩的机会都没有了。在家中接旨以后，便被除去了乌纱帽。不过，武则天对徐有功还是另眼相看的，如果落到周兴手里，不判死罪也会被打个半死。

周兴对徐有功削职为民并未到此罢休，他派出了许多"眼睛"暗中监视徐有功的一举一动，特别是注意他是否与李氏宗室和旧臣来往。徐有功稍有不慎，就可能被诬告与同党谋反而被处死罪。

徐有功被罢官后不到半年，以构狱他人邀功升迁的周兴也被人指控"谋反"下狱，审理他的便是来俊臣。来俊臣以"请君入瓮"威吓周兴承认谋反罪名，周兴受苦不过也只得认罪，倒是武则天不同意将对她"尽忠"多年的周兴处以斩首，而将他改为流放。不过，他在流放途中也被仇人杀了。周兴的死，倒解脱了监视徐有功的一双双眼睛。

周长寿二年（693年），武则天又重新起用徐有功，任命他为左肃政台侍御史（从六品下）。徐有功推辞不成，只得就任。

徐有功任侍御史后，在润州发生了一起庞氏案。庞氏原是唐中宗李显的岳母——德妃娘娘的母亲、润州刺史窦孝谌的妻子。她从女儿德妃被武则天杀死后，一直心神不定，抑郁成疾，自以为被鬼怪缠住了身。她听从一位奴仆之说，在夜间焚香祈祷可以驱鬼。然而这一焚香驱鬼的事却被人告发，说她每夜焚香诅咒武则天早死。武则天从杀了德妃以后，正愁找不到德妃亲人的"谋反"把柄和不轨行为呢，酷吏薛季昶为迎合武后的心意，便捏造庞氏为"不道"罪，将庞氏判为死刑，家属也连坐流放3000里。

徐有功得悉后，知道这是武后的旨意，很难挽回，可他却直奔宫殿，向武则天奏道："陛下，依微臣查访，庞夫人无罪可有，如滥杀一个无辜之人，不仅使天下人嗤笑，并关系到大唐的法律法度，请陛下三思！"武则天一听徐有功为她的心腹之患德妃母亲庞氏辩护，霎时就火冒三丈，十分恼怒。而站在她身旁的薛季昶又在一旁趁机道："万岁，法律规定，凡是为罪人强词夺理辩护的，也应杀头。徐有功为死囚辩护，目中无皇上，应定为'党援恶逆'罪，理应立即推出斩首。"

薛季昶的一番话，无疑是给正在发火的武则天火上浇油，于是她立即下令："将徐有功轰出宫殿，令司刑寺治罪。"司刑寺便很快将徐有功议定了"党援恶逆"罪，判以死刑处斩。

徐有功有位好友，悄悄跑到徐有功家中去告诉了徐有功，流着眼泪叫他早作准备。徐有功听后坦然地说："不要哭，难道这世上只有我一个人会死吗？我为维护国家的法律公正地为法律说话，权不能大于法呀！我为执法、护法而死，死何足惜！"他若无其事地陪同那位朋友吃了饭，睡了午觉。午后，他就被刀斧手绑着押赴了刑场。

徐有功被押赴刑场的消息轰动了京城。后经老臣们的仗义执言和陈词辩护，终于使武则天下令："免去徐有功死罪，罢官流放边疆。"庞氏也由此免去了死罪，改判远流。

天授元年（690年），道州刺史李仁褒兄弟被酷吏所陷害，徐有功虽然坚持抗争护法，但没有成功，并因此被罢官。不久，他又被重新起用为侍御史。"天下闻有功复进，洒然相贺"。徐有功审案，卓然守法，虽死不移。他曾经三次因守法蒙冤，但"将死，泰然不忧；赦之，亦不喜"，因此武则天也十分看重他。时人赞颂徐有功"听讼惟明，持法惟平"。

皇甫文备是武则天时的残酷官吏，和主管刑法的徐有功判决案件，诬陷徐有功勾结叛贼，并将他的罪状上书给武则天。武则天只让徐有功解脱被诬陷的罪责。不久，皇甫文备被他人告发，徐有功却宽宏地讯问他。有人说："他从前要陷害你致死，如今你反而想救他，这是为什么？"徐有功说："你所说的是个人的怨恨，我所遵守的是法律。怎么可以因为个人恩怨而危害司法的公正呢？"

◎故事感悟

徐有功是封建社会的官吏，却能秉公断案，在自己处境十分恶劣的情势下，也能持公正之心，这种精神在当今时代也是难能可贵的，确是令人敬佩。

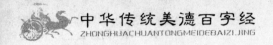
◎史海撷英

"徐无杖"

　　武则天统治时期，徐有功曾得到重用。在蒲州任司法参军期间，他的政绩就已十分突出。在蒲州审判一切案犯时，徐有功都"力求宽仁，从不轻易动用刑讯，也不轻易判人笞杖刑"，而用传统的仁义道德去教育、启迪案犯悔悟自新。为此，蒲州百姓和官吏都很受教育和感动，称徐有功为"徐无杖"。在他的感化下，蒲州各地民风大改。徐有功三年任满，竟没有一次在审判案犯时用了杖罚的，因而"徐无杖"之名也就越传越响，传到了京城长安。永昌元年（689年），徐有功被宣诏进京，担任起了司刑寺丞的重要职务。

◎文苑拾萃

从驾幸少林寺

武则天

陪銮游禁苑，侍赏出兰闱。

云偃攒峰盖，霞低插浪旗。

日宫疏涧户，月殿启岩扉。

金轮转金地，香阁曳香衣。

铎吟轻吹发，幡摇薄雾霏。

昔遇焚芝火，山红连野飞。

花台无半影，莲塔有全辉。

实赖能仁力，攸资善世威。

慈缘兴福绪，于此罄归依。

风枝不可静，泣血竟何追。

薛允升秉公护法斩太监

◎唯公心而后可以有国，惟公心可以有家，唯公心可以有身。——袁准《袁子正书》

> 薛允升（1820—1901年），字克猷，号云阶，陕西长安县（今属西安市）马务村人。薛允升进士出身，历任山西按察使、山东布政使、署漕运总督、刑部右侍郎、刑部尚书等职，是晚清著名的法律学家，公正廉直的大臣。主要著作有《读例存疑》、《汉律辑存》、《唐明律合编》、《薛大司寇遗集》。

　　薛允升凭办事干练，善断疑难案件，所以步步升迁。他在秋审处和任侍郎时，平反昭雪了大量冤案，拯救了很多被地方官论死的无辜良民。薛允升身为掌刑之官，不仅熟悉法律，善剖疑案，他还有一个特点，就是秉公护法，不徇私情，又生性和善，不会摆官架子，审囚时也不靠法官的威仪，不用刑讯逼供。当时人们议论说：薛允升提审囚犯时，就好像老太婆与伙伴们叙家常一样，法官不像法官，囚犯也不像囚犯，以至于犯人敢于大胆地向他吐露真情。这也是他办案不冤枉好人的一个原因。他平反的冤案不计其数，因此，他的声望日益增高。

　　清朝末期，政治黑暗，贿赂公行，清廉衙门很少。薛允升主持刑部后，首先整饬衙风。他选贤任能，并定立衙规，严禁受贿、徇私情事，属员有违犯者，严究不赦。因此，在他的任期内，刑部衙风是最好的。

　　薛允升秉公执法，最突出的一个案例，就是处理"太监拒捕杀人案"。

　　光绪二十二年四月间，太监李苌材、张寿山、阎葆维等一伙人到北京大栅栏庆和戏院看戏时，因与别人争座位发生口角，竟仗势横行，打散群众，砸毁剧院的柜房。中城练勇局的队长赵云起带人来弹压时，他们竟挥刀舞杖，李苌材砍伤了兵勇刘文生等二人，张寿山杀死了队长赵云起。这一事件发生在公共场所，一时间北京城里尽人皆知，民怨沸腾。朝廷究竟会怎样处理此事，市民们都在拭目以待。

光绪皇帝闻知此事后，非常生气，立即降旨刑部"从严议处"。薛允升时任刑部尚书，他查清事件始末，按照清朝的法律，拟就了对李苌材、张寿山等人分别处以斩首和流放边疆的判决，呈奏皇帝待批。不料太监总管李莲英为袒护其同类，请薛允升手下留情，并请慈禧太后出面从中阻挠。

薛允升为了严惩凶顽，申张正义，平息民忿，不顾个人安危，严词拒绝了说情的要员，并亲笔给皇帝写奏章说："太监杀人一案，臣部已按皇上'从严议处'的旨意，拟定了判决书呈奏待批。现在却又降旨，要按'伤人致死'条款从轻议处。臣部是问刑衙门，只知道查清案情，依法判刑，维护大清法律的尊严。太监杀练勇局赵云起，分明是拒捕杀人，根本不是一般的打架斗殴伤人致死，怎么能按'伤人致死'定罪呢？更何况太监与平民不同，百姓们都知道我朝宫中家法甚严，太监犯法，从来都是加倍治罪。若违背法律，从轻惩处，百姓们不知道这是皇上的意思，还以为是刑部有意放纵恶徒。假如皇上认为宫廷里的不法分子应该肃清，太监犯法不宜宽容的话，就请按照刑部原拟的判决书批准执行。如果皇上想法外施仁，那就请皇上自行决定，愿意怎么批就怎么批吧！臣的刑部是不能背离朝廷的法律而改变原判的。"

这一奏章，句句有理，字字逼人，连慈禧太后也觉得无由再说，皇帝也只好批准将张寿山立斩，其余从轻分别法办。

就因为这件事，慈禧太后和李莲英都非常恼恨，竟唆使别人诬告薛允升有贪赃枉法的行为。但经吏部一查，薛允升为官两袖清风，所告事情全是假的。后来，薛允升有个远在天津的侄子薛济有些不法行为，慈禧等竟以薛允升"不知避嫌"为借口，罢去他尚书的职务，降了三级，调到宗人府当了一个小小的府丞（管祭祀的小官）。光绪二十四年，薛允升忿然辞官，回到长安家乡为民，达三年之久。

光绪二十六年，八国联军攻陷北京，慈禧太后和皇帝都逃亡到西安。这年的年末，刑部尚书赵舒翘被革职并判"斩监候"（死缓）时，又把薛允升召回任刑部尚书。这时，薛允升已经81岁。次年，薛允升在随驾返回北京途中，病死于河南。

◎故事感悟

　　薛允升秉公护法，不惧慈禧太后的淫威。虽然遭致了报复和磨难，但是他执法如山的精神却给后人树立了可贵的榜样。

◎史海撷英

薛允升精通律法

　　薛允升出生于平民家庭，父亲薛丰泰是个循规守正的读书人。薛允升自幼受到父亲的严格教诲，20岁乡试中举，清咸丰六年（1856年）及进士第。居官41年中，薛允升除了出任过江西饶如州知府、四川龙茂道、山西按察使、山东布政使和任京官礼、兵、工部侍郎等，总共不到10年外，其余的30多年都是在刑部任职，官至刑部尚书。

　　薛允升初在刑部任主事时，不久便调至秋审处坐办（专营审核各省所报死刑犯人案件的官员），又调律例馆（刑部里专门研究和解释正法和补充条例的部门）。他深知刑律之事关系民命，责任重大，要做到不放纵罪犯，不冤枉无辜，不仅要精通法律，还要善于剖析案情。因此，薛允升一到刑部，就悉心研究囚牢、刑律问题，上自《春秋》，下至历代法典，乃至前人办案的各种专著等等，他无不披阅，因此也成为一名法律知识丰富、精明强干的法律专家。他任刑部中、下级官员时，同僚中每有疑难问题，都愿向他询问，他都能完满地给以解答。他所拟定的文稿，别人便难以改动一字，即便是刑部的长官，也多是画诺而已。

◎文苑拾萃

已亥杂诗

（清）龚自珍

谁肯栽培木一章，黄泥亭子白茅堂。
新蒲新柳三年大，便与儿孙作屋梁。

宋太祖严禁官吏经商

◎人民利益高于一切。——名人名言

宋太祖赵匡胤(927—976年)，汉族，涿州(今河北)人，中国北宋王朝的建立者，庙号太祖，出身军人家庭，高祖赵朓，祖父赵敬，赵弘殷次子。公元948年，赵匡胤投后汉枢密使郭威幕下，屡立战功。951年，郭威称帝，建立后周，赵匡胤任禁军军官，周世宗时官至殿前都点检。周世宗柴荣死后，恭帝即位。建隆元年(960年)，他以"镇定二州"的名义，谎报契丹联合北汉大举南侵，领兵出征，发动陈桥兵变，黄袍加身，代周称帝，建立宋朝，定都开封。

宋太祖赵匡胤在位时，鼓励兴修水利，开垦荒地，使农业得到发展。他提倡重文轻武，使文化得到发展。他偏重防内，使中央集权得以巩固。

作为政治家的宋太祖深知官吏经商有三害：一是势必分散精力，难于勤政；二是易于凭借特权，欺行霸市；三是热衷追钱逐利，导致腐败。

宋太祖为了消除诸多隐患，实现他的政治抱负，特诏令各地官吏一律不准经商，违者严惩。然而许多官吏依然凭借职权，公开地或隐蔽地进行经商活动，非法牟取暴利。

宋太祖发现有令不行，有禁不止，十分恼火，于是，对全国官吏进行了一次调查。之后，对有确凿证据的经商官吏，进行了严肃处理：

琼州知州仁俊倒卖盐铁，受到降职处分，贬为平凉县令。

澧州刺史白全诏与人合资，进行经商活动，削职为民。

兵部尚书曹匪躬，贩运了紧俏物资，被处以死刑，弃尸暴市。

宰相赵普开邸店营利，也不因为他曾策划"陈桥兵变"帮自己夺取皇位而宽恕，连同包庇受贿一事一起问罪，解除宰相职务。

宋太祖令行禁止，严惩经商官吏，杜绝了官吏欺行霸市、追钱逐利现象，使官吏勤于政事，促进了宋朝经济文化的发展。

◎故事感悟

宋太祖深刻地认识到为官者经商的后果，于是从源头遏制类似事件的发生。事实证明，宋太祖是一位为百姓干实事的一代明君。他这种始终站在百姓立场的做法令后人敬重。

◎史海撷英

审官院

审官院是一种官署名。最早设置于宋太宗淳化四年（993年），是宋代主管中下级文官考课铨注的机构。其实早在宋太平兴国六年（981年），宋朝廷就设置了差遣院，负责少卿、监以下的考课、注授差遣等事务。到了淳化三年（992年），又设置了磨勘京朝官院，次年改称为审官院，并将以前的差遣院并入到审官院内，掌考校京朝官殿，分拟内外任使。神官元年设知审官院两人，以侍御史知杂事以上充任。到了熙宁三年（1070年），审官院又改称为审官东院，同时还设立了审官西院，负责原由枢密院管理的中高级武臣考课选任。元丰年间，对审官院又进行了改制，废除了审官东、西院，其权归为尚书省吏部。金承安四年（1199年）至大安二年（1210年），也曾一度对审官院进行了改制，掌奏驳任用官员不当等问题。

李通秉公办案

◎真理本身是正义，离了上帝，人也无所谓正义。——名人名言

> 赵俨（170—245年），字伯然，颍川郡阳翟县人（今河南禹县），三国时期魏国大臣，杰出的政治军事活动家。投奔曹操之后赵俨历任郎陵县令、司空府掾属、主薄、都督护军等职。曹丕继位之后，赵俨历任侍中、驸马都尉、河东太守、典农中郎将、度支中郎将、尚书，封关内侯、宜土亭侯。魏明帝继位之后，又出任大司马府军师、大司农、征蜀将军、征西将军、骠骑将军、司空等职。死后谥号穆侯。

　　李通，江夏平春（今河南信阳西北）人，东汉末年，与同郡陈恭起兵于朗陵（今河南确山县）。汉献帝建安初年，李通率部到许昌归附曹操，因作战有功被封为建功侯，并做汝南郡阳安都尉，执掌一郡的军事大权。

　　李通对自己要求十分严格，从不居功自傲，更不徇私枉法，受到百姓的爱戴。

　　有一天，李通听说妻子的伯父在汝南郡所辖的郎陵县犯了法，刚正不阿的郎陵长赵俨为了严肃国法，不因罪犯是自己顶头上司的亲戚而加以宽容，而是公事公办，立即把罪犯抓了起来，并依法判了死刑。

　　李通正在为赵俨为民除害高兴时，他的妻子哭哭啼啼来找李通，苦苦哀求李通想办法营救她的伯父。李通不肯答应，她劝道："逮捕判刑的权力虽在县里，但生杀大权却由郡里掌握，只要你说句话，不予批准，伯父就不会被杀掉。你就救救他吧。"妻子说着，声泪俱下。

　　不管妻子怎样哭求，李通一点也不动心，说什么也不答应。他严肃地劝

妻子说："我正和曹丞相打天下，怎能以私废公呢？你伯父犯了法，理应依法处死。我身为一郡都尉，必须秉公办事、公平执法、为国尽力，不能置国法于不顾！不管你怎么说，我绝不会干徇私枉法的事！"

不久，李通妻子的伯父按赵俨的判决，依法斩首了。

李通不仅没有怨恨赵俨，反而十分敬佩他，夸他忠于职守，执法不阿，说他是做大事的人。后来，李通还请赵俨喝酒，和他交了朋友。

曹操见李通为人耿直，大公无私，十分器重他，不久便提升他为汝南太守，改封都亭侯。

◎故事感悟

李通大义灭亲，涉及自己亲属，他不但不生气，反而予以大力支持赵俨。赵俨秉公办案，公正无私，两人大公无私的精神也为世人传为佳话。

◎史海撷英

侍中

侍中是古代的一种职官名。始置于秦，为丞相之史，以其往来东厢奏事，故谓之侍中。两汉时期，沿置了秦代的称谓，为正规官职外的加官之一。因为侍中平时都侍从在皇帝的左右，出入宫廷，与闻朝政，所以也逐渐变为亲信贵重之职。晋朝以后，侍中曾相当于宰相。隋朝时，改称为纳言，又称侍内。唐代复称，为门下省长官，为宰相之职。到了北宋时期依然沿用该称谓，南宋时废止。

赵广汉不顾权贵除杜建

◎人只有一个公私，天下只有一个邪正。——朱熹

> 赵广汉（？—前65年），字子都，西汉涿郡蠡吾县（今河北博野县）人。赵广汉是一代名臣，年轻时做过郡吏、州从事，以廉洁和礼贤下士出名，先被推举为秀才，担任管理物价的平准令，后又被察廉为阳翟县令，因政绩突出，迁为京辅都尉，不久擢升为守京兆尹（即代理京兆尹），之后调任为颍川都的郡守，约两年后调回长安任守京兆尹、京兆尹，直至被朝廷腰斩。《汉书》说："广汉为人强力，天性慧于孝职。"他嫉恶如仇，以强有力的手腕治理地方治安，处置豪门权贵，深受百姓爱戴。

西汉时期，刚刚从京辅都尉升为守京兆尹的赵广汉就碰到了一件挠头的事——处理杜建一案。

杜建是赵广汉手下的一名中层官员，但资格颇老，也很有些根基，为人一向蛮横霸道。汉昭帝在世时，他参加了昭帝陵墓（今陕西成阳市西北）的预建工作，成了监造平陵的官员。

建造平陵是一项巨大的工程，需要花费大量的人力物力，杜建认准这是个发财的机会，便指使门客从中非法牟取暴利。赵广汉掌握了这一情况后，先是警告杜建悬崖勒马。但杜建认为自己的关系盘根错节，赵广汉根本动不了他，于是当面唯唯诺诺，背后却依然为所欲为，根本不把赵的话放在耳里。

赵广汉见规劝无效，就决定将杜建正式逮捕归案。这下却招来了大麻烦，杜建的人还没押到牢里呢，为他说情的人就踏破了门槛。其中有宫廷里的太监，有名门豪绅，也不乏各层的官员。赵广汉知道，杜建不是一般的人物，

处置他会有很大的阻力。但得罪人是小事，维护国家的法纪是大事，他不给来求情人留一点面子。杜家的族人和门客不由得恼羞成怒，便密谋把杜建从牢里救出来。

就在他们图谋不轨之时，赵广汉已通过内线掌握了他们的动机。于是，他先派出一名手下官吏去警告那些主谋者，如果敢这么干，就都将依法把你们灭门！这一招果然奏效，那些密谋者们都消停下来了。接着，赵广汉又在证据确凿、事实清楚的情况下，命令狱吏将杜建斩首弃市。事已至此，也就再没有人敢为杜建说话了。京城的百姓都交口称赞这件案子办得好。

处置杜建一案，充分显示了赵广汉的一身正气，不畏权势。他在果断和严厉办案的同时，也很注意方法和谋略，因为这样棘手的大案，稍有不慎就会前功尽弃。

其时，皇室的内部发生了重大的变动，年仅21岁的昭帝病死，大将军霍光等大臣尊立年仅18岁的刘询为帝，这就是汉宣帝。作为守京兆尹的赵广汉，因推立宣帝参与决策有功，得到了宣帝的封赏，成为当时赐爵关内侯八人中的一名。宣帝登基的第一年（公元前73年），赵广汉就被调往颍川郡担任太守。

颍水郡治所大致在今河南省范围，因境内有颍水而得名，阳翟为郡治所，因赵广汉曾做过阳翟的县令，对那里的情况较熟悉。颍川存在着严重的问题，需要一位政绩优良、作风凌厉的官员前去治理整顿，赵广汉无疑是一位合适的人选。

赵广汉初到颍川任上，发现不少问题：豪族大姓通婚，势力交结庞大；官员也有与地方富豪结为朋党的，社会乌烟瘴气。恶名昭著的原氏、褚氏两大家族更是结为姻亲，蓄养门客，横行乡里，胡作非为。颍川郡的这些豪门大族在汉武帝时就已经出现了，他们通过大量兼并土地来使家族得以发展兴旺，而这些地方势力的扩张也必将影响到国家的兵役和税赋。

赵广汉到颍川的几个月内，经过明察暗访，搞清了本郡豪门大族的基本情况。擒贼先擒王，他首先逮捕了原氏、褚氏两大家族中作恶多端的头领，并在公布了他们的罪状后，立即斩首。赵广汉不畏强暴，诛杀原、褚首恶，震惊全郡。

在办理原、褚大案的同时，赵广汉也在着手准备解决富豪、官吏拉帮结派的问题。这些人利用自己在当地的影响，互立山头，广养门客，各自形成了一股恶势力，既互相倾轧，又联手对抗，不但败坏风气，对中央和地方政府政策的实施也造成了极大的阻碍。赵广汉采取一些非常措施：首先叫手下人设置竹筒，类似现在的保密信筒，专门接受告发的信件，这样便于知情者的检举揭发。在收到告发信以后，一经核实，便依法治罪。同时，他故意隐去揭发者的姓名，而说成是某某豪门大姓子弟所告发，引发他们的内讧。自此后，强宗大族的内部果然出现了分裂，并逐渐成为冤家对头。一时奸党散落，社会风气大大好转。

由于赵广汉实施了一系列强有力的监管措施，社会上的各种消息很快都能传到他的耳中，一些不法分子为此再也不敢顶风作案了。

经过赵广汉大刀阔斧的整治，颍川的面貌在短期内发生了翻天覆地的变化。赵广汉秉公执法的美名一时间也在坊间流传开来。

◎故事感悟

赵广汉不畏权贵，敢于同违法乱纪的行为作斗争，在法纪面前不动摇。可以说，赵广汉的一生都在为正义而奋斗着，他这种秉公执法、敢于舍身护法的精神值得后人学习。

◎史海撷英

举报箱的由来

设置举报箱在我国已经有很长时间的历史了。据考证，早在战国时期，就已经设有"举报箱"了。公元前403年，魏文侯任用李悝为相，为了稳定社会秩序，李悝便协助魏文侯建立了举奸揭凶、惩污治吏的举报制度，并于"僻巷"——人们不常到的街道设立了"蔽竹"，也就是现代的举报箱。这是一个圆形的筒，长约尺许，上面有一个大约三寸见方的小口，以便举报人把写有揭发内容的竹简塞入简内。

西汉的汉宣帝时期，赵广汉出任颍川太守，到任后，他发现土豪劣绅结党营私成风，形成一霸，当地百姓敢怒而不敢言。为了打击犯罪，为民除害，赵广汉令手下人制成了一种形状像瓶子、口很小、可入不可出的器具，"受吏民投书"。这也是举报箱。有了举报箱，官吏和群众就可以写信告密了。根据群众举报所获的线索，赵广汉组织力量积极打击犯罪活动，稳定了社会秩序。

◎文苑拾萃

颍水

颍水发源于中岳嵩山，迤逦东下，流经河南登封、禹州、许昌、临颍、周口、安徽界首、太和、阜阳、颍上等地后汇入淮河，为淮河的第一大支流，也是历史上的文化滥觞之地。《水经 · 颍水注》中称：颍水自竭东迳阳翟故城北，夏禹始封于此为夏国。阳翟就是今天的禹州市。因颍水流过而得名的城市有颍川、临颍、颍州、颍上、颍口等。

刘仁瞻秉公斩子

◎君子小人趣向不同，公私之间而已。——朱熹

> 刘仁瞻（900—957年），字守惠，彭城（今江苏省徐州市）人，五代十国南唐大臣。他以骁勇名于当世，曾任吴右监门卫将军，历任黄州（今湖北省黄冈县）、袁州（今湖南省宜春市）刺史。刘仁瞻治军严明，将士听命。李璟袭位后，使掌亲军。刘仁瞻在任寿州（今安徽省寿县）节度使时，适后周来攻，他坚强固守，终因营田副使孙羽等献城，而已又重病在身，不得已而降。

　　自古以来，法与情、公与私纠缠在一起，因而徇情枉法、徇私枉法的事特别多。所以，不徇私情是一种十分可贵的品德。

　　隋朝的时候，朝廷准备选拔一位有才能的人任华阴长吏，丞相杨素推荐荣毗担任此职。杨素的田地住宅多在华阴，他的手下放纵恣肆，荣毗一概不饶。杨素对荣毗发牢骚："我举荐你，等于用来惩罚我自己。"这是个执法不徇私情的例子。

　　下面要说的，是南唐时候的一件事儿，执法对象是自己的儿子，给的处分是腰斩，这种大义灭亲的举动就更难做到了。

　　一次，南唐的寿春城被后周的军队围攻，时间已长达一年。城虽未破，但城内的粮食已经吃完，困守孤城，和等死没有两样。于是，守城将领刘仁瞻请求上级准许让另一将军边镐守城，自己率队出城，与后周军队决一死战。

　　这个建议被齐王李景达否定了，还把刘仁瞻臭骂了一顿，刘仁瞻气得病倒了。

刘仁瞻的小儿子刘崇谏见父亲受了委屈，也气得够呛，但他不是病倒了，而是在夜里划了条小船要去淮北投敌。不巧，半路上被一名小军官抓住，送了回来。

刘仁瞻一听此事，更是气得七窍生烟，为明军纪，下令腰斩自己的小儿子。

刘仁瞻治军很严，没有人敢求情。只有监军周廷构在中门大哭，恳求不要杀刘崇谏。刘仁瞻置之不理。周廷构又派人向刘夫人求救，刘夫人说："我们做父母的对小儿子崇谏不是不爱惜，但是执掌军法就不能徇私情。如果饶恕了崇谏，那就对不起国家和百姓了，我和刘将军还有何脸面再见将士们呢？"

就这样，刘仁瞻忍痛杀了自己的小儿子，将士们无不感动得流泪。

◎故事感悟

治军打仗如果没有铁的纪律，即使有百万之众，也只相当于一盘散沙。所谓"军令如山倒"。刘仁瞻就是深刻地认识到了该问题的存在，忍痛杀掉了自己的儿子，这一举动将法不容情诠释到了极致，其精神感动着一代代后人。

◎史海撷英

刘仁瞻之死

显德二年(955年)，周世宗亲征南唐，意在夺取南唐在淮南的领土。在周世宗亲征淮南的战役中，南唐虽然节节败退，但也涌现出很多忠臣义士，刘仁瞻便是其中之一。

显德四年(957年)，经过17个月艰苦围城，后周军终于入驻寿州。周世宗为拉拢刘仁瞻，封他为天平军节度使。当时，瘫痪在床的刘仁瞻已经没有能力拒绝了。很多唐军的将士都不愿投降，便朝刘仁瞻的床前三叩首后自刭殉国。当夜，五代名将刘仁瞻卒，周世宗下诏厚葬，追赠为彭城郡王，并率全军为其送葬。

私财赈灾的张轨

◎因公废私是最大化的天下为公。——格言

> 张轨(生卒年不详),字元轨,济北临邑人(今山东省临邑县)人,历任北魏、西魏记室参军、仓曹、都督、行台郎中、中书舍人兼著作郎、黄门侍郎兼吏部郎中、河北郡守、丞相府从事中郎、车骑大将军、仪同三司、散骑常待、度支尚书、陇右府长史等职。张轨为政清廉,公私分明,关爱百姓,任河北郡守期间,他政绩、名声显著,被人们赞为"循吏"。张轨去世时家无余财,只有书籍数百卷。

北魏末年,内忧外患严重。胡太后和她宠信的中书令郑伊和给事黄门侍郎徐细密谋,要把自己的亲儿子孝明帝元诩毒死。528年2月,孝明帝暴死。胡太后立挑王的儿子年仅3岁的元测为帝。大将军尔朱荣则率兵杀入洛阳,拥立长乐王元攸为帝,将胡太后和小皇帝元测扔进大浪滔滔的黄河之中。事后,他还以祭天为名,将文武百官2000多人聚集到行宫,全部杀死,顿时血流成河。后来,元攸又设计杀死了野心勃勃的尔朱荣。

由于宫廷政变频繁,战乱绵延不绝,首都洛阳城内随处可见断壁颓垣,百姓纷纷外逃,居民只剩下十分之一二。农业生产遭到极大的破坏,粮价暴涨,民不聊生。洛阳的大街上,随处可见衣衫褴褛、瘦骨嶙峋的饥民。

身为仓曹的张轨看到这种悲惨的情景,心急如焚、夜不能寐,可是又苦于没有办法救民于水火。有人劝他:"既然大人掌管着官仓,为什么不开仓贷粮?"张轨说:"因私害公,绝不是我的夙愿。虽然这样做是为了解救百姓的危难,但是我怎能违背平时的志向呢?"经过深思熟虑,他决定将自己家里的衣服、器皿都拿出去换粮食，赈济缺粮的饥民。当人们背着口袋、扛着箩筐、端着簸箕把粮食拿回家的时候，憔悴的脸上露出了少有的笑容。饥民们家家在院子里焚香祷告："老天爷有眼，保佑好心的张大人幸福平安！"

这个扶危济困的张轨是高平县令张崇的儿子。他少年好学，有远大的志向和广博的学识。起初他住在洛阳，与乐安人孙树仁是莫逆之交。由于非常贫穷，没有好衣服，出门时他常常和孙树仁换衣服穿，被当时人传为佳话。这段贫苦的生活经历，可能是他对饥寒交迫的百姓产生深厚同情的根本原因。后来他去了西部，直到尔朱荣被杀，尔朱氏兵败之后，他才拄着手杖从潼关再东进入洛阳。武卫将军贺拔岳任命他为记室参军，掌管机密，不久做了仓曹。

后来贺拔岳镇守北魏北部边境，在高平被侯莫陈悦诱杀，骠骑大将军宇文觉任命张轨为都督，让他跟随自己去讨伐侯莫陈悦。侯莫陈悦被平定之后，张轨出使洛阳，见到领军斛斯椿。斛斯椿问他："高欢即将谋反的心思已经路人皆知，人们都翘首西望，度日如年地期盼着宇文泰力挽狂澜。不知道宇文泰是否比得上贺拔岳？"张轨直言不讳地回答："宇文公文才足以治理国家，武略足以平定叛乱。至于他的远见卓识就不是我这样目光短浅的人所能够预测的了。"斛斯椿说："确实像您所说，宇文泰真是可以依仗的人。"

宇文泰任关西大行台时，任命张轨为郎中。北魏孝武帝元修从洛阳向西逃亡迁都长安之后，任命张轨为中书舍人，封寿张公子爵，兼著作佐郎，负责编修皇帝的起居注。后来又提升为黄门传郎，兼吏部郎中，又出任地方官，做河北郡守。在做郡守期间，张轨的名声和政绩都非常显著，被人们赞美为"循吏"。

后来，北魏执掌实权的高欢挟持孝静帝元善见迁都邺城，北魏分裂为东魏和西魏。西魏文帝（元宝炬）大统年间，人们议论到善于治理地方的官员，大多推崇张轨。不久他又入朝做官，任丞相府从事中郎，行武功郡事。当章武公宇文导做秦州刺史时，任命张轨为长史。西魏废帝（元钦）元年（552年），晋升张轨为车骑大将军。仪同三司、散骑常侍。第二年，赐姓宇文氏，行南秦州事。西魏恭帝（拓跋廓）二年（555年），张轨征拜度支尚书，又被任命为

陇右府长史，在任职期间逝世。谥号"质"。

张轨临终之时，家无余财，书房中高高叠起的数百卷书籍就是他的全部遗产。此情此景，令凭吊者唏嘘不已，众人无不赞美他清廉朴素，堪称楷模。

◎故事感悟

饥荒之年，为挽救垂危百姓，张轨不惜以私财赈灾。然而与之形成强烈反差的是，自己死后却无余财，唯有百卷书籍留世。张轨怀着一颗天下为公的心，视百姓为衣食父母，视朝廷为安身之所，兢兢业业，克己奉公，实为后世典范。

◎史海撷英

仪同三司

仪同三司为古代的一种官名。始于东汉。原指非三公（司马、司徒、司空）而给以与三公同等的待遇。魏晋后，将军开府置官，属者称开府仪同三司。至南北朝末期，便以仪同三司为官号，并设置了开府仪同大将军。隋唐以后，这一官职仅为散官。明代时废除。

◎文苑拾萃

《陇头歌》三首

北朝民歌

陇头流水，流离山下。念吾一身，飘然旷野。

朝发欣城，暮宿陇头。寒不能语，舌卷入喉。

陇头流水，鸣声幽咽。遥望秦川，心肝断绝！

韦澳敢于得罪国舅

◎大义灭亲。——名言

> 　　唐宣宗李忱（810—859年），汉族，唐朝第十八位皇帝（847—859年在位，未算武周政权），初名李怡，初封光王，武宗死后，以皇太叔为宦官马元贽等所立，在位13年。李忱曾经为祖宗基业作过不懈努力，延缓了唐帝国走向衰败的大势，但又无法彻底扭转这一趋势。宣宗明察沉断，用法无私，从谏如流，重惜官赏，恭谨节俭，惠爱民物，故大中之政，讫于唐亡，人思咏之，谓之小太宗。

　　唐宣宗李忱，因为京兆长期治理不好，任命翰林学士、工部侍郎韦澳为京兆尹。韦澳为人公正、耿直，一上任办公，豪门贵族中的作恶分子便收敛了手脚，不敢再做坏事。宣宗的舅舅郑光有一个管家一贯横行霸道，是地方上的一大祸害，多年不向国家交租税。韦澳逮捕了他，并给他带上了手铐脚镣。

　　一天，唐宣宗在延英殿上问韦澳此事，韦澳奏明了情况，宣宗问："你打算怎样处置他呢？"韦澳回答说："打算依法处决。"皇上说："郑光很喜欢他，怎么办？"韦澳不满地说："陛下将我调任为京兆尹，打算让我肃清国都地区长期积下的流弊，假若郑光的管家连年为害，能免重刑，那就说明陛下的法律只是对付穷苦百姓的，我不敢遵从您的诏命了。"宣宗说："你说得对，但是郑光会缠着我不放的，你将那人痛打一番，免他一死，可以吗？"韦澳回答说："我不敢不遵从诏命，希望您准许我暂且拘押他，等他们把所欠租税交足再释放他。"宣宗说："当然可以，我为了郑光的缘故，影响了你执法，真是惭愧呀！"韦澳回到京兆官府就杖打了郑光的管家，并督促他们交足几百斛的欠租，才把那个管家交还给郑光。

◎故事感悟

韦澳敢于得罪国舅本身就需要勇气，而这种勇气则源于对正义的渴望与执着。韦澳定然明白这样做的后果，但为了肃清流弊，不惜以自家仕途作赌注。在他的眼里，唯有公正才是自己终生追求的。

◎史海撷英

翰林学士

翰林学士为古代的一种官名。学士最早设立于南北朝时期。唐代初年，常以名儒学士起草诏令，但无名号。到唐玄宗时，便在翰林院之外另外建了学士院，选一些有学问的朝官充任翰林学士，入值内廷，批答表疏，应和文章，随时宣召撰拟文字。德宗以后，由于时事多艰，翰林学士也成为皇帝最亲近的顾问兼秘书官，经常值宿禁中，承命撰草任免将外、册立太子、宣布征伐或大赦等重要文告，因而也有"内相"之称。其加知制诰衔者也就等于暂代中书舍人，所以，充学士者经中书舍人往往能升任宰相。北宋的翰林学士承袭唐制，仍掌制诰。此后，翰林学士的地位渐低，然而相沿到明清时期，拜相者一般都为翰林学士之职。到了清代，更以翰林掌院学士为翰林院的长官，不再单称翰林学士官了。

◎文苑拾萃

贞陵

贞陵位于今陕西省咸阳城北50公里处泾阳县白王乡崔黄村。贞陵因山为陵，城垣沿自然山势构筑。南垣长1680米，北垣长4080米，东垣长2985米，西垣长4440米，内城面积约为629万平方米。陵园的城垣四门前均有对称的土阙，并存有石刻，另外还有华表1对、翼马1对、鸵鸟1只、石马5对、石狮4对、石人13尊，但都破损残缺。2001年6月25日，贞陵被国务院列为全国第五批重点文物保护单位。

赵抃秉公办数案

◎理国要道，在于公平正直——吴兢

赵抃（1008—1084年），字阅道，号知非子，宋衢州西安（今浙江衢县）人。赵抃于宋仁宗赵祯景祐年间（1034—1038年）中进士，初任地方官多处，后以政绩显著而升为殿中侍御史。由于他弹劾不避权贵，被时人称为"铁面御史"。

景祐元年，赵抃刚刚担往武安军节度推官，就遇到一位县民伪造印信案。法官审理后，将那人判为死刑。赵抃重新审核了有关案宗，发现印信是造在大赦之前而用在大赦之后。根据当时的法律，赦前不用，赦后不造，都不当死。所以，他将那人改判了其他刑，从而避免了一桩冤案。

不久，赵抃改任宜州（今湖北宜昌市）通判。当时，州内发生了一桩杀人案。凶手已被逮捕入狱，并被判处死刑。尚未等到开刀问斩，那人却患了重病。赵抃马上派医生为他诊治，等病愈后再行刑。人们听说此事，无不称赞赵抃的人道仁爱之心。数年后，赵抃被调任为泗州（今江苏盱眙西北）通判。

上任不久，发生了濠州（今安徽凤阳东）将士图谋兵变、准备杀死濠州太守的事。原因是濠州太守在发给官兵廪赐时，弄虚作假、中饱私囊，由此而激起了民愤。濠州太守得知后惊恐万状，但又束手无策，只好天不黑就紧闭城门，自己龟缩在家中不敢出来。值此危急关头，转运使派赵抃前去稳定政局。赵抃一到濠州，立即张榜示民，揭发那位太守犯下的累累罪行，并将他和他的主要帮凶捉拿归案。军民见赵抃如此公正，愤怒的情绪迅速平定下来，一场即将发生的兵变也随之不了了之。

此外，赵抃在任成都知府时，还针对妖祀聚众闹事，只处斩了首恶者，其他人均被释放；刁民李孝忠纠集200多人私造符牒、度人为僧案，也只是判斩了李孝忠一人。凡此种种，都受到人们的好评。

赵抃开为殿中御史之后，鉴于当时的宰相陈执中不学无术，无力治事，只会一味地逢迎仁宗，便立即谏请仁宗远小人，亲君子。他说："小人虽小过当力排而绝之，乃无后患"；而对贤人君子，"当保持爱惜"。

有一次，陈执中府里一位名叫迎儿的女奴被活活打死。有人检举说，她是陈执中亲自行杖而死的；也有人说，她是陈执中的小妾阿张虐杀的。无论死于何人之手，都属于主人陈执中之罪。但由于陈执中骗取了仁宗的信任，一直逍遥法外。赵抃一再上疏，坚决请求仁宗将陈执中法办。然而，仁宗仍不准允。赵抃一怒之下，连续上疏20多次。其中，他在一份奏章中将陈执中近些年来所犯罪行一一罗列，分为不学无术、错置颠倒、引用邪佞、招延、卜祝、私仇嫌僚、排斥善良、狠愎任情、家声狼藉8大类，再次奏请仁宗尽早降黜陈执中。与此同时，名臣欧阳修等也在弹劾陈执中。仁宗这才醒悟，遂罢了陈执中的官。

在宋代，党派斗争十分激烈。一旦奸佞当道，贤良蒙冤的事屡见不鲜。直臣吴充、鞠真卿等，曾为奸臣所劾被贬出京；清官马遵、吴中、吕景初等，因弹劾奸臣遭报复，被逐出京城。素以清廉公正的欧阳修，因受奸臣围攻，也不得不主动提出调往外郡。赵抃忍无可忍，又挺身而出，抨击奸人盈朝"致正人贤士纷纷引去"。他要求仁宗召回吴充等被逐者，挽留欧阳修。经他独力奋争，终于使"被逐者皆召还"，"一时名臣，赖以安焉"。

◎故事感悟

赵抃一生勤于政事，"不治赀业，不蓄声伎，自奉其俭"，无怪乎后人曾赞誉他"有郑子产之政，晋叔向之言，东郭顺子之清，孟献子之贤"，就连一代名相韩琦也称颂他："真世人标表。"与此同时，赵抃时时刻刻在为公正二字而努力拼搏，宁死也不改其志。

◎史海撷英

通判

通判为古代的一种官名。这一官职的官员只在知府下掌管粮运、家田、水利和诉讼等事项。

唐末五代时期，藩镇武将专权，中央集权难以巩固。宋初，统治集团为了解决这一大问题，便出现了"杯酒释兵权"的故事，这就是解除武将兵权的最佳方法。在武将被解除兵权后，他们便以朝臣的身份出守州郡，官名为"权知军、州事"。朝廷为了防止州郡官权力膨胀，又在州郡设通判，作为副职，与权知军、州事共同处理政事。

此外，通判还有一个职责，就是"所部官有善否及职事修废，得刺举以闻。"到了南宋时期，通判更能直接向皇帝奏报州郡内包括州郡官、县官在内的一切官员的情况。而通判当时的级别多数仅为从八品，与权知军、州事的二、三品等级别相差悬殊，为大小之间相互牵制之意。如此看来，通判这一官职既为州郡官的副职，又起到了汉代的监御史（监郡）和督邮（监县）的双重监察作用。有了这样一个官职，中央与州、县的关系便如心之使臂、臂之使手了。所以，不仅五代时期藩镇武人专权、州郡成为独立王国的问题能够得以彻底解决，同时也有利于监察官吏之间的腐败现象。

◎文苑拾萃

南歌子

欧阳修

凤髻金泥带，龙纹玉掌梳，去来窗下笑相扶，爱道画眉深浅入时无。

弄笔偎人久，描花试手初，等闲妨了绣功夫，笑问鸳鸯两字怎生书。

苏轼妙喻拒故人

◎天下为公。——孙中山

> 苏辙（1039—1112年），字子由，汉族，眉州眉山（今属四川）人。嘉祐二年（1057年）苏辙与其兄苏轼同登进士科，神宗时，为制置三司条例司属官；后因反对王安石变法，出为河南推官；哲宗时，召为秘书省校书郎；元祐元年为右司谏，历官御史中丞、尚书右丞、门下侍郎因事忤哲宗及元丰诸臣，出知汝州、再谪雷州安置，移循州。徽宗立，徙永州、岳州复太中大夫，又降居许州，致仕。自号颍滨遗老。卒，谥文定。唐宋八大家之一，与父苏洵、兄苏轼齐名，合称"三苏"。

苏辙在宰相府任职时，苏轼是翰林院官员。当时，一个跟兄弟俩都熟悉的老朋友找上门来。"无事不登三宝殿"，来人是想让苏氏兄弟帮忙，弄个一官半职的，结果等了好长时间也未能如愿。

这天，来客来找苏轼，对他说："希望内翰能替老弟说句好话，帮老弟一把。"苏轼慢慢说道："旧时听说有一个人穷得实在活不下去了，就打定主意，要去挖掘古墓。挖开一座古墓后，只见一个人，身上一丝不挂，坐在那里，对盗墓人说：'你没有听说汉代有个杨王孙吗？我就是。所以要裸葬，就是为了矫正世人的薄养厚葬之风，哪有什么东西帮助你呢？'盗墓人不甘心，又凿开一座坟。不料这坟格外结实，费了九牛二虎之力，进到里面一看，原来是个皇帝。皇帝说：'你不认识我吧，我是汉文帝呀！你看我身边这些陪葬的物件，所有的器具都是陶做的、瓦制的，金银玉器一件也没有，拿什么来救济你呢？'"

"盗墓人不信自己这么倒霉，又去找古墓，这回找着两座连在一起的坟。盗墓人先把左面这座挖开，花了挺大气力，只听里面的人说：'我是伯夷，人又瘦又弱，从脸上一看就是难民的模样，最后饿死在首阳山下，哪有什么能满足你的愿望呢？'盗墓人听罢，大发感慨，想不到自己费了挺大的劲，居然一无所获。不如再凿右边这座坟，没准还能弄点东西。凿开之后，见里面的人同样又瘦又弱，有气无力地说：'我看你还是到别的坟里转转吧，你就看看我这体格吧，能帮助你吗？我是左边那坟里人的弟弟叔齐，跟哥哥一起饿死的。你就死了这份心吧。'"苏轼的故事讲完了，老朋友也听明白了，哈哈大笑出门而去。

◎故事感悟

苏轼借以巧妙的比喻婉拒了故交的请求，公事公办，不愧为秉公办事的典范。自古以来，面子问题始终制约着人们的公私之心，苏轼做到了公私分明，何其难得。

◎史海撷英

推官

推官是古代的一种官名，最初置于唐朝，职位仅次于判官、掌书记，掌管着推勾狱讼之事。五代时沿袭了唐制。宋朝时，三司下各部每部都设有一员，主管各案的公事；开封府所属设左、右厅，每厅设推官各一员，分日轮流审判案件；临安府设节度推官、观察推官各一员；诸州幕职中亦有节度、观察推官。到了金朝时期，推官开始逐渐成为地方上的正式职官，品秩为从六品或正七品。元朝时期，各路总管府及各府亦都沿袭前朝设置，主要掌治刑狱。明朝时，推官为各府的佐贰官，属顺天府、应天府的推官为从六品，其他的推官为正七品，掌理刑名、赞计典。清初沿袭明制，在各府都设有推官及挂衔推官。顺治三年，罢除挂职衔推官，康熙六年则彻底废除了推官。

◎文苑拾萃

闰九月重九与父老小饮四绝

（宋）苏辙

九日龙山霜露凝，
龙山九日气如烝。
偶逢闰月还重九，
酒热风高喜不胜。
获罪清时世共憎，
龙川父老尚相寻。
直须便作乡关看，
莫起天涯万里心。
客主俱年六十余，
紫萸黄菊映霜须，
山深瘴重多寒势，
老大须将酒自扶。
尉佗城下两重阳，
白酒黄鸡意自长。
卯饮下床虚已散，
老年不似少年忙。

包公秉公执法

◎凡事不可轻疑，惟断狱不可不疑。——吕坤

　　包拯（999—1062年），字希仁，庐州合肥（今安徽合肥）人，汉族，出身于官僚家庭，生于北宋咸平二年（999年），天圣朝进士。包拯做官以断案英明刚直而著称于世。做庐州知县时，他执法不避亲党。在开封时，包拯开官府正门，使讼者得以直至堂前自诉曲直，杜绝奸吏。包拯立朝刚毅，贵戚、宦官为之敛手，京师有"关节不到，有阎罗包老"之语。后世则把他当做清官的化身——包青天。在民间信仰中，包公是阴间的审判官之一。

　　宋真宗咸平二年（999年），包拯出生在庐州合肥县（在今安徽合肥市）的一个官宦家庭。包拯从小不讲究吃穿，而是严遵父教，刻苦读书，虽在乡试中名列前茅，但他从来都是不骄不懈，谦虚谨慎，受到了师友的一致赞扬。

　　宋仁宗天圣五年（1027年），包拯参加了科举考试，一举考中进士。

　　宋仁宗庆历年间，包拯在任职监察御史期间，通过调查私访，得知荆湖南路转运使王逵是个酷吏，便上奏弹劾，揭发王逵。转运使是一路（省）最高行政长官。王逵凭借手中权力，横征暴敛，随意向百姓征派几十年的徭役，一律折纳现钱。结果所属各州县怨声载道，许多百姓因缴不出钱逃进深山躲避。然而由于王逵善于向朝中大臣行贿，向宫中进奉特供，朝中有不少人为他说好话。包拯弹劾他后，王逵劣迹暴露，有人将他藏在京城。他遥控指挥，继续搜刮。后来，朝廷来了个异地为官，任命他为江南西路转运使。

　　王逵自恃朝中有人，到江西后又故伎重演。为此，包拯又写了第二道奏

章，继续追踪弹劾。不料执政大臣却让江南西路提刑司对王逵进行核查。当时，江南西路提刑司李道宁已经离任，新官又不曾上任，按规定应由转运使代理，而这其实就相当于是让王逵自己核查自己。

王逵见到公文，知道这是上头有意庇护自己，气焰更加嚣张。他怀疑这件事是前任洪州知州卞成揭露的，就设案诬告卞成，结果逮捕了数百名军民，铸成了大狱。事情闹到京城后，各个大臣见局面难以收拾，便又将王逵调为淮南路转运使。

包拯深知大臣与王逵上下勾结，便联合其他两位御史再次连上两道奏章，弹劾王逵，建议新旧两案移到别处审理，以求客观公正。但王逵有恃无恐，继续在淮南路作恶多端。包拯等人又连上两道奏章，对此穷追不舍，强调指出淮南路是朝廷财利重地，让如此一个贪赃酷吏任转运使，那简直就是百姓的灾难！以后，包拯等人一直上到第七道弹劾，宋仁宗才终于下旨将王逵撤职查办。

这件事发生后不久，宋仁宗宠爱的张贵妃的伯父张尧佐，原本是个州县小吏，却依仗裙带关系得宠，成为朝中掌管财政的最高长官。张尧佐资质平平，身边又多谄谀之徒，因此整天趾高气扬，胡作非为，挥霍国库储存，随意向各地苛求钱财，造成国家财政混乱，物价腾升。朝中官员对此敢怒不敢言。

包拯得知这件事后，愤然写下了《弹张尧佐》的奏章，请求朝廷免去张尧佐的职务。这时，包拯已升任为龙图阁直学士。但在与违法乱纪的恶势力斗争时，他丝毫都没有考虑自己头上的乌纱帽。奏章呈上去后，朝中官员更是无不拍手称快，钦佩包拯的勇敢无畏，但也为他捏了一把汗。幸好仁宗还能忍耐，收回了成命。但回到后宫看到心爱的贵妃委屈流泪时，又恼怒万分，认为身为天下至尊连安排个国丈也不成，似乎有伤尊严。

事隔不久，宋仁宗一气之下大封特封，一下子赏赐张尧佐四个重要职务。诏令一出，朝廷内外一片哗然，议论喧腾。也有些同僚好心劝包拯就此罢休，不要再跟皇上对抗，断送了自己的大好仕途。但包拯为官清正，立即又上了一道奏章，请求仁宗不要这样做，说张尧佐论功劳，没有值得一提的擅长；论品德，是皇朝的污秽。宋仁宗读完奏章后，火冒三丈，痛骂包拯不识抬举，升了他的官职却越来越猖狂。而包拯仍然铁面无私，坚持连上三道奏章，批评皇上有私心，宠幸美人，不以江山社稷为重；申斥张尧佐不顾典章制度，恃宠贪得无厌。最后，包拯甚至在金銮殿上与仁宗皇帝当面争辩，激动得连说话的唾沫星儿都溅到皇帝脸上了！

包拯一生披肝沥胆，不顾忌讳，坚决地与各种违法乱纪现象作斗争。幸好宋仁宗还能听取一些不同的意见，君臣之间也因此留下了不少佳话。

◎故事感悟

包拯铁面无私，执法为公。时至今日，包拯秉公执法的精神对当今建设和谐的社会主义社会富有积极的指导意义，值得后人学习借鉴。

◎史海撷英

包公抨击宋祁

宋祁是宋代的一名诗人，但他在四川当官时，生活却很奢靡，每顿饭必不少于36味菜，其中要有12味荤菜、12味素菜和12味半荤半素的菜。另外，他的家中还养着32名侍女，分别为他摇扇、捶背、敲脚。在他下榻的床边，每夜都要有一名丫环通宵守候，照顾他的随时需要。宋祁又特别好色，遇到稍有姿色的良家少女，一旦被他看上了，就必定千方百计地将其纳为小妾。

总之，宋祁道德败坏，丑事很多，但又屡屡受到朝廷的重用。包拯对此十分不满，曾多次向皇帝上书，对宋祁的丑行大加抨击，最终朝廷罢了宋祁的官。

张泳不容宦官恃势

◎安能摧眉折腰事权贵，使我不得开心颜。——名人名言

　　张泳（994—1014年），字复之，宋代濮州鄄城人，官至工部尚书。张泳自幼刚强自信，不拘小节，好为奇计，自号乖崖，取"乖则违众，崖不利物"之意。为官后他体察民情，关心百姓疾苦，秉公断案，深受百姓敬仰。1014年张泳卒，赠右仆射，谥号忠定。著有《乖崖文集》10卷。

　　北宋真宗时大臣张泳第二次被派到成都，主持四川事务。

　　一天夜里，成都北门守卒报告有来自朝廷的内侍叫城，门官不敢怠慢，立即开锁让进城中。内侍入衙与张泳相见，张泳严肃地问道："此地曾两次经历刀兵之乱，派我来是维持一方安定的。现在半夜开锁入城，百姓再次受到惊扰，不知朝廷有什么紧急公务？"内侍回答："是奉旨到峨嵋山烧香的。"张泳严厉地问："今夜的事，我是先斩了你再奏朝廷呢？还是让你入宫报告朝廷，候旨再斩呢？"内侍赶紧哀求张泳："请您念我是初次外出，不知您这里的规矩。"张泳说："因你不懂规矩，原谅这一次！"下令仍把这位钦差送出北门住宿。

　　第二天开城后，内侍进城入衙，写了拜见守官的公文："奉敕往峨嵋山烧香人内侍省王某参"，张泳立即在此公文上写下批语"既衔王命，不敢奉留，请于小南门出去。"

◎故事感悟

张泳以百姓利益为重，不扰百姓安宁，在护卫一方安宁中不畏权贵，批评朝廷宦官乱用职权，不知轻重缓急，半夜扰民。张泳这种护民爱民的做法令人感动。

◎史海撷英

张乖崖兴菜

北宋真宗时期，崇阳住街的居民吃菜很难，因为附近的农夫都没有种菜的习惯，全靠菜贩子从外地贩菜来卖。

张乖崖知县上任后，便想让农夫种菜。一天，他扮成百姓模样来到观音堂门口，看到两个农夫正抱着一个大南瓜争得在地上滚，半条街上的人都围着看热闹。原来他们俩正在争着要买这个瓜。张知县马上叫手下人将两个农夫抓到大堂，同时叫百姓都来看县官断瓜。

百姓听说知县亲自断瓜案，都挤到县衙门口看热闹。张乖崖等两个农夫把各自买菜的理由说完后，说："这个容易，先看哪个住得最远。"一个说："我家最远，住在东门城口。"另一个说："这个瓜该我买定了。我住在城外五里界。"说完抱起南瓜就想走。

张知县将惊堂木一拍，说："农夫不种菜，上街来买菜，人人都像你，菜从何处来？"然后命衙役将两人各打20大板，还贴出告示：城外的乡民一律不得再上街买菜，只能卖菜，不听者，鞭挞20棍。衙门外围观的人你一言我一语，很快就把这件事传遍了全县。

从此，依城傍县的乡民都不敢上街买菜了，只好自己在家种菜。菜多了，吃不完，就上街来卖菜。久而久之，崇阳街的居民再也不愁吃菜难了。

◎文苑拾萃

峨眉山

　　峨眉山位于今四川省峨眉山市境内，最高峰万佛顶海拔为3099米。峨眉山地势陡峭，风景秀丽，素有"秀甲天下"的美誉。峨眉山的山路沿途有很多猴群，常结队向游人讨食，这也成为峨眉山的一大特色。

　　峨眉山为中国四大佛教名山之一，山上大约有26座寺庙，重要的有八大寺庙，因而佛事频繁。1996年12月6日，峨眉山乐山大佛作为文化与自然双重遗产，被联合国教科文组织列入世界文化遗产名录。

不为王公屈法

◎执法必严。——名言

> 赵申乔（1644—1720年），字松伍，又字慎旃，江南武进人，康熙九年进士，二十年，授河南商丘知县，有惠政。二十五年，以贤能行取，命以主事用。二十七年，授刑部主事。五十九年，因病请求退休。皇帝仍旧嘉奖赵申乔清廉，令在官调治。寻卒，年七十有七，赐祭葬，谥恭毅。雍正元年，加赠太子太保。

清康熙末年，赵申乔任刑部尚书，他一贯以清廉正直、执法严明而闻名。

在某藩王府第中十分得宠的演戏人徐采，依仗势力唆使佣人杀了人。康熙命六部尚书、都察院都御史、大理寺卿、通政司使等"九卿"进行讨论。发言的人大都为徐采解脱而以佣人抵罪，唯独刑部尚书赵申乔，根据刑部的审判结果认为徐采是杀人主谋，应处绞刑。而后来徐采竟然被减刑，改死罪为戍边。

等到世宗雍正皇帝即位，又把徐采从戍边处逮回，按律论死。同时雍正帝还下诏嘉奖了赵申乔，因为他能秉公执法。当有人劝说看在藩王的面上，减徐采罪的时候，赵申乔却说："天子制定的法律是不能因为藩王而降低要求的。"

◎故事感悟

赵申乔对徐采不姑息迁就，而是坚持正义，不惜穷追猛打，彻底地做到了依

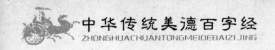

法办事。赵申乔这种不为王公而屈法的精神值得后人学习。

◎ 史海撷英

清平定准噶尔叛乱之战

平定准噶尔叛乱之战是清朝廷的一次维护祖国统一、反对民族分裂的正义战争。这次战争起于清康熙二十九年（1690年），迄于清乾隆二十二年（1757年），历经三朝，历时70余年，最终取得了完全胜利。

清军平定准噶尔贵族分裂叛乱的战争，不仅维护和巩固了西北边陲，消灭了准噶尔贵族的分裂势力，还沉重地打击了沙皇俄国侵略中国准噶尔的野心，并对以后挫败帝国主义勾结利用民族败类分裂祖国的阴谋，捍卫西北边疆的斗争，产生了积极的影响。

◎ 文苑拾萃

登澄海楼观海

（清）康熙

朱栏画栋最高楼，海色天容万象收。

海底鱼龙应变化，天中云雨每蒸浮。

无波不具全潮势，此日真成广汉游。

仙客钓鳌非我意，凭轩帷是羡安流。